AF465467

LES VŒUX
DU PEUPLE,

DÉDIÉS

A MESSIEURS LES DÉPUTÉS,

EN 1818.

IMPRIMERIE DE P. GUEFFIER.

LES VŒUX
DU PEUPLE,

DÉDIÉS

A MESSIEURS LES DÉPUTÉS,

EN 1818;

PAR ALEXANDRE CREVEL,

Auteur du *Cri des Peuples*.

Hélas ! on voit que de tout temps
Les *petits* ont pâti des sottises des *grands*.

LA FONTAINE, *les Bœufs et la Grenouille*.

PARIS,

Chez PLANCHER, Libraire, rue Poupée, n°. 7;
Et chez tous les Marchands de Nouveautés.

10 Décembre 1818.

Sous Presse, pour paraître incessamment :

MÉMOIRES POUR SERVIR A L'HISTOIRE D'UN HOMME CÉLÈBRE. 1 vol. in-8°. divisé en quatre parties.

LES VOEUX DU PEUPLE.

SERMON

D'UN APÔTRE AVEC MISSION,

A DES MANDATAIRES AVEC POUVOIR,

A l'occasion de l'Ouverture de la Session de 1818.

Diligite justitiam, qui judicatis terram : sentite de Domino in bonitate, et in simplicitate cordis quærite illum.

Aimez la justice, juges de la terre, ayez des sentimens conformes à la bonté de Dieu, et cherchez-le dans la simplicité du cœur.

Livre de Sapience, C. 1.

MES TRÈS-CHERS FRÈRES,

A peine fûtes-vous réunis, l'année dernière, que vous me vîtes m'empresser de vous tracer le hideux tableau de la situation de notre malheureuse patrie. Je vous découvris les

(1) Les Français auront le droit de publier leurs opinions et leur pensée. (*Mission confiée aux écrivains*, par l'article 8 de la Charte.)

vices du système politique adopté par notre gouvernement : je vous signalai ses erreurs, ses fautes, ses écarts; temps perdu, soins inutiles, sollicitude infructueuse. Hélas! je m'adressais à des aveugles.

Je fis retentir à vos oreilles les cris de l'indigent, les cris des contribuables, le cri de l'opprimé; je criai de toutes mes forces: l'infidèle écho ne répondit qu'en répétant ces mots: *mise en jugement*, *condamnation*, *incarcération* : je parlais donc à des sourds; puissé-je me faire entendre de vous désormais!!!

Nos finances sont dans un déplorable état, nos ressources s'épuisent, l'agriculture languit, le commerce est en stagnation, l'industrie attend encouragement et protection, les abus sont à l'ordre du jour; le glaive de l'arbitraire frappe l'innocent et le coupable. Alors que, versant des pleurs sur les ruines de la liberté publique, je me déclare l'organe de la nation, refuserez-vous de me seconder, mandataires et députés de ce grand peuple français dont le nom seul fit plus d'une fois pâlir ses ennemis sur les rives du Pô, du Danube et de la Vistule?

Un gouvernement irrésolu, timide, ombrageux, voulut me faire repentir d'avoir élevé la voix en faveur d'une population de plus de vingt-huit millions d'individus, et d'avoir plaidé la cause de l'humanité souffrante : je fus persécuté.... Un gouvernement sage, moral, religieux, ne s'effraie pas des cris, mais il sait les entendre et les comprendre ; impassible dans les momens d'alarmes, il distingue la vérité du mensonge, il profite des salutaires conseils qui lui sont adressés : les grands cœurs n'étouffent pas les sentimens libres et généreux.

« Où trouve-t-on aujourd'hui de ces cœurs
» sincères et magnanimes ? On ne fut jamais
» si pointilleux, si délicat ; on s'offense de
» tout et l'on ne veut jamais être offensé im-
» punément ; il n'y a presque plus de récon-
» ciliations qui ne soient feintes et simu-
» lées (1). »

Oui, je combattrai dans tous les temps le despotisme, sous quelque forme, sous quelque couleur que s'offre à notre vue ce protée politique. Nouvel Argus, je veillerai sur les droits, sur les propriétés et les libertés de mes compatriotes. Si vous sortez de votre apathie, je me tairai ; si vous gardez le silence, je parlerai.

---

(1) Fléchier, évêque de Nismes, *Panégyrique de Saint-Louis*, prononcé le 25 août 1681.

Constant dans mes principes, prêchant l'exécution des lois, je ne crierai plus; je ferai cette concession à la puissance, appuyé par la force des événemens ; je serai l'interprète des *vœux du peuple.*

Après tant de troubles et d'orages, il est urgent de calmer nos agitations: occupez-vous du bonheur public ; dépositaires de la volonté générale, respectez vos sermens prêtés solennellement; consultez la nation; faites entendre les plaintes du peuple; imitez ces anciens corps de l'État qui surent, dans plus d'une occasion, opposer une énergique résistance aux efforts de la puissance absolue.

Vous fûtes témoin naguères des entreprises du pouvoir, qui parvint à nous ravir l'un de nos plus précieux droits, celui de publier nos opinions et notre pensée.

Plût à Dieu que, depuis deux ans, nous eussions joui de cette liberté, elle fût devenue un préservatif contre l'oppression ; mais l'exercice de ce droit inviolable paraît être un épouvantail pour le gouvernement.

En essayant de comprimer de nouveau l'esprit public qui se développe de jour en jour, et l'opinion qui augmente sa force de la faiblesse du gouvernement, comment la puissance n'a-t-elle pas craint, et ne craint-elle pas encore l'effet inévitable de la compression? Est-elle assez aveuglée pour ne pas s'apercevoir qu'une source, abandonnée à son cours naturel et tranquille, fertilise la prairie qu'elle sillonne, et que ses eaux retenues par une digue, ne pouvant remonter, forment bientôt un torrent qui menace de tout ravager? La France a soutenu le choc des armées européennes pour conserver ses droits : une sage liberté fut constamment l'objet des *vœux du peuple.*

Ces vœux ne furent jamais exaucés : le peuple, trompé dans son attente, n'a pu s'attacher aux gouvernemens qui l'ont successivement régi. Il sera bien cher à la France, il pourra compter sur son inviolable dévouement, il réunira les partis, il arrêtera la fermentation des esprits; il préviendra l'effervescence des passions, le gouvernement qui, sagement établi, en usant de ses droits légitimes, en remplissant ses devoirs, en se fortifiant sur l'opinion, en s'identifiant avec la nation, exaucera les *vœux du peuple!*

PREMIÈRE PARTIE.

Ah! qu'il est absurde, mes très-chers frères, le système suivi par la puissance! Au lieu de s'unir aux citoyens, et de trouver sa force dans cette sainte alliance, le gouvernement persécute sans relâche les citoyens.

Terréfiés, d'abord, par cette obstination à nous priver de nos libertés, nous revenons de notre étonnement; nous sortons de notre apathie; nous demandons à grands cris l'exercice de nos droits imprescriptibles, la jouissance d'une propriété inaliénable et impérissable.

On nous répond : vous êtes *des démagogues, des anarchistes*. Le pouvoir couvrant ses despotiques projets du voile de la nécessité, conspire contre nos droits légitimes; il devient seditieux envers nous, alors même qu'il nous accuse d'être séditieux envers lui.

Semblable au lièvre timide qu'effraie le bruit d'une feuille agitée par un souffle léger, le gouvernement est sans cesse alarmé;

un rien l'inquiète; le mouvement d'une plume l'épouvante; il tremble à la vue d'une brochure. Si son imagination se complaît à voir par-tout des fantômes, à se créer des terreurs paniques, à confondre les bons citoyens avec les véritables séditieux; est-il raisonnable, est-il naturel que les écrivains se ressentent des effets de ses vaporeuses rêveries, de ses chimériques stupeurs, de ses contractions spasmodiques? Faut-il que, victime de son impolitique délire, de sa désespérante cécité, les citoyens, écrasés par sa marche pesante et chancelante, persécutés par ses faux systèmes, se trouvent frappés d'inertie, réduits au silence, privés de leurs droits et de leurs libertés. Pour corroborer sa débile existence, pour se procurer de la vigueur, de la force, une puissance indestructible, pourquoi ne prend-il pas la nation pour conseil? Pourquoi ne secoue-t-il pas le joug des préjugés, pour suivre un salutaire régime dont l'efficacité, constatée par la raison et l'opinion, est éprouvée par l'expérience, par cette grande institutrice des peuples?

Elle n'a rien à craindre la puissance qui marche *franchement* dans la route tracée par le système représentatif, lorsque ce système est établi, consacré par les constitutions de l'état ; en déviant de la voie sacrée, elle a tout à redouter. Alors elle s'égare, elle erre long-temps sans guide. Quel intérêt, quel avantage peut-elle espérer trouver dans cette déviation, si ce n'est un danger imminent? Qu'espère-t-elle gagner dans la permanence des abus, dans l'exercice d'un pouvoir illicite, conséquence de la violation des lois qui doivent régir un peuple libre? *Ubì non est pudor, sanctitas, pietas, fides, instabile regnum est* (1).

Si l'on en croit nos rhéteurs, la France n'a pas encore mérité le bienfait de la liberté légale. Ils nous reportent aux époques de nos commotions politiques, aux premières années qui suivirent notre révolution. Ils omettent de nous observer que ces momens de crise furent produits par le débordement des passions qui, trop long-temps comprimées, enfantèrent nos désordres; que, depuis 25 années, le pouvoir suprême, à l'ombre de nos constitutions, nous a ravi nos droits, en interposant entre le peuple et les lois fonda-

(1) Sénèque.

mentales, son anarchique autorité ou sa despotique volonté.

Observerez-vous qu'un pareil état de chose ne peut durer? vous serez réputé séditieux. Pour ne point être signalé comme ennemi de l'humanité, comme le successeur de Marat, ne vous plaignez point; souffrez patiemment, et ne dites pas sur-tout que la patience a son terme, car on vous appliquerait l'article premier de la loi *de novembre*: vous seriez sous l'accusation d'une *provocation directe*.

Invoquerez-vous la protection du Dieu de paix? Appellerez-vous, dans votre détresse, le Dieu vengeur, le Tout-Puissant à votre secours? craignez que votre prière à Dieu vous rende criminel; on pourrait, en ajoutant la calomnie à l'impiété, l'outrage au blasphème, instruire votre procès et celui de l'Eternel, en vous accusant d'entretenir, avec le Créateur de toutes choses, des intelligences révolutionnaires, ayant pour but la destruction de l'autorité légitime.

Prononcez-vous le mot *peuple*? vous êtes un *jacobin*; parlez-vous de liberté? vous êtes un *sanguinaire*.

Dénoncez-vous les iniquités, les abus, les

vexations, les déprédations; manifestez-vous le désir de voir une justice distributive régler la répartition des impôts? On vous répond : *Occupez-vous de vos affaires..... Laissez ce soin aux chambres, reposez-vous sur leur constante sollicitude.*

Demandez - vous l'accomplissement des promesses faites ouvertement, des garanties pour l'avenir?.... On vous dit : *Vous voulez renverser la monarchie.*

En exerçant un droit écrit, prenez-vous la plume pour éclairer le gouvernement, en faisant une critique raisonnée de ses actes et de ses actions, dans l'intérêt général? Vous blessez l'amour-propre de quelques hommes puissans, de quelques hommes du jour : donc vous êtes licencieux....... *Vous tentez par des injures et des calomnies, d'affaiblir le respect dû à la personne du Roi* (1), (qui n'est pas le gouvernement représentatif responsable.)

Déplorez-vous, en bon Français, les malheurs de votre pays; offrez-vous la fidèle peinture de sa situation, attribuez-vous la

---

(1) Article 5 de la loi de novembre 1815.

continuité de nos infortunes, les mécontentemens, la désunion des citoyens et leur indifférence, aux systèmes confus, mal combinés, qui compromettent à-la-fois la monarchie et la sécurité publique?.... *Vous répandez des nouvelles alarmantes sur le maintien de l'autorité légitime* (1).

Indiquez-vous le précipice ouvert près du trône par l'inexplicable conduite et la bizarre administration des dépositaires du pouvoir?.. *Vous êtes conspirateur*; et lorsque vous seriez tout au plus coupable de *lèze-excellence*, par une heureuse fiction on vous accuse du crime de *lèze-majesté*.

Vous plaignez-vous de l'inexécution des lois fondamentales, de l'infraction faite chaque jour à la constitution?... VOUS EXCITEZ LES CITOYENS A DÉSOBÉIR A LA CHARTE (2).

Vivons-nous sous une monarchie absolue, ou sous une monarchie constitutionnelle? Si nous sommes régis par la monarchie absolue, qu'on proclame le gouvernement absolu, nous nous tairons, nous gémirons,

---

(1) Article 8 de la loi de novembre 1815.

(2) Article 5 de la même loi.

nous prierons le Dieu juste et bon d'exaucer *les vœux du peuple.*

Si la monarchie constitutionnelle régit la France, que le gouvernement renonce à ses prétentions; qu'il cesse de porter une main sacrilége sur nos saintes lois, sur ces lois copies fidèles des lois divines, données aux peuples par le roi des rois, dont les souverains ne sont que les premiers ministres sur la terre.

La puissance dispose de la force coactive pour réprimer les vrais séditieux; comment les peuples réprimeront-ils les séditions du pouvoir? comment éviteront-ils les atteintes portées à leur droits, légitimés par la raison, par l'ordre naturel, et par les préceptes des religions des peuples civilisés, lorsqu'ils livrent leurs moyens de défense à ceux qui, devant les protéger, s'en servent pour les opprimer?

Les sujets adresseront-ils leurs plaintes aux souverains, à la pointe des baïonnettes? Non, cette réclamation hostile serait réputée rebellion contre le prince: de simples séditieux deviendraient conspirateurs.

Des citoyens courageux feront-ils entendre les *vœux du peuple*? Ce parti serait le plus sage, si la nation jouissait de la liberté de publier les opinions et d'exposer ses griefs par la voie de l'impression. Mais, si l'on est séditieux par cette raison même qu'on use du droit sacré de se plaindre, la puissance alors étouffant toutes les réclamations, étendra le pouvoir monarchique, en usurpant les droits des peuples; la monarchie absolue renaîtra de ses cendres sous la forme séduisante de monarchie constitutionnelle; l'arbitraire dessillera bientôt les yeux; le prestige disparaîtra : aussitôt le peuple sentira le poids de ses chaînes: *Jus non potest amitti sine incommodo civitatis* (1).

Les sujets, selon l'opinion de nos docteurs de la nouvelle école, chargeront-ils les grands corps d'être les échos de leurs sourds gémissemens? rien de plus naturel. Mais, s'il n'existe pas de grands corps, ou si leur existence n'est pas *permanente*, quels moyens emploieront les peuples, pour se faire entendre, pour être écoutés, à toute heure, à tout moment?

On pourrait créer des parlemens? Bien; enjoindrait-on à la puissance souveraine de

---

(1) Cicéron, *oratio pro Murenâ.*

ne point les dissoudre, ou de ne point en exiler les membres qui s'opposeraient aux entreprises monarchiques? imposerait-on la loi à ceux qui la font et qui la donnent?

Je vous entends, mes très-chers frères; vous répondez: une nation qui jouit du système représentatif; une nation à laquelle on répète jusqu'à satiété qu'elle est libre (ce dont elle n'est point convaincue), est représentée par des fondés de pouvoirs qui s'assemblent à des époques déterminées, pour délibérer sur les grands intérêts de l'état, pour faire entendre les plaintes de leurs constituans. Vous ajoutez: les députés sont là, ou seront là; fort bien. Mais si cette nation ne s'est point encore aperçue qu'elle possède une chambre des députés? si elle ne l'a considérée que comme un bureau de postes aux lettres dont les facteurs se sont attribué l'office de la distribution des pétitions, plaintes, réclamations, griefs, dénonciations, mémoires d'utilité publique, dans les bureaux des ministres, ou dans le grand bureau de l'amortissement connu sous la dénomination de *l'ordre du jour*: dites, dites, mes frères, que fera la nation dans ces désolantes conjonctures?

Les sages, pour résoudre la question, conseilleront aux députés d'adresser au monarque de très-humbles remontrances, suivant les anciennes coutumes du royaume. Mais si les députés d'un peuple libre refusent de suivre l'exemple des états-généraux, l'exemple d'un peuple en servage, en faisant tomber en désuétude des usages sanctionnés par la raison, pour le bonheur des sujets, des coutumes sur lesquelles le cachet du temps avait apporté la force de loi fondamentale, que feront les descendans des anciens serfs ? (1)

Les vrais représentans de la nation (les électeurs) dont les députés ne sont que les délégués, prendront-ils l'initiative sur les chambres ? Supplieront-ils humblement le souverain de rendre une nouvelle ordonnance du 5 septembre, et de convoquer les colléges électoraux pour créer une nouvelle chambre des députés dont les membres ne seront plus les hommes des hommes, mais les hommes de la chose publique ?

---

(1) On sait qu'après l'ouverture de la session la Chambre des députés fait une adresse au Roi. En 1816 et en 1817 plusieurs députés ont vainement sollicité pour que l'adresse renfermât l'expression des plaintes du peuple et le tableau de notre situation.

Ce conseil très-sage ne serait point exécuté, parce qu'il est sage. L'intérêt personnel est le grand régulateur des actions humaines. L'ordonnance du 5 septembre flattait l'ambition de quelques grands fonctionnaires, qui ne sacrifient point au vrai Dieu, mais au veau d'or, dans le temple du seigneur-roi. Les espérances des sacrificateurs seroient déçues par l'effet de la promulgation d'une nouvelle ordonnance, qui renverserait l'idole, les hiérophantes, et leurs coryphées, en respectant le temple, en honorant le seigneur.

Comment sortir de ce tortueux dédale? Comment échapper à la voracité du minotaure politique? Quel moyen emploierons-nous pour éviter un péril aussi imminent? Le plus sûr, le plus efficace, c'est l'exercice de la liberté de la presse.

Que cette liberté soit, ou non, comme la lance d'Achille qui guérissait les blessures qu'elle faisait; que l'opinion soit, ou non, la reine du monde, renoncez à ouvrir dans votre tribune des cours de rhétorique. Un seul spécifique peut remédier à nos maux, faites présent de ce bienfait à votre patrie.

Le peuple sous notre ancienne monarchie a exercé le droit de se plaindre, droit que l'on voudrait nous enlever aujourd'hui. Nos monarques les plus absolus se sont souvent dispensés de rendre la justice à leurs sujets, sans oser étouffer leurs plaintes. Un auteur, en 1574, *sous Charles IX*, s'exprimait ainsi sur les affaires du temps :

« Le royausme de France, par l'espace de mil deux cents ans, sous les familles de Mérouée, Charlemagne, Hugues Capet, a esté honoré et redouté par ses voisins ; et en telle réputation d'intégrité envers les estrangers, que, pour la décision de leurs différends, ils rapportoyent à ce qui seroit advisé par les conseillers du royausme. Mais aujourd'hui quel changement y a-t-il ? Il estoit plein d'équité, la justice y logeoit ; maintenant il est appelé royaume *d'injustice*, royaume *infidèle*. A la mienne volonté, qu'il se trouve véritable que les François ont esté proprement appellez ceux qui ayant deschassé la servitude des tyrans, ont voulu obtenir une honneste liberté et franchise, sous l'autorité de leurs roys ; et ceux qui, comme simples brebis, s'exposent aujourd'huy à la boucherie, et desloyauté d'aucuns qui se couvrent du nom du Roy, ne les tiendrons-nous pas au rang de serfs mesprisés et pusillanimes.

» Or, quant aux pauvres laboureurs, pourveu qu'on les laisse cultiver la terre et faire leurs petits trafics, et qu'ils ne soient point pillés, ils supportent toutes sortes de dominations ; mais malheur aux nobles qui sont comme petits roys sur ces pauvres moutons ; malheur aux juges et gens de justice, qui les trouvent si soumis à la jurisdiction où ils président; et malheur encore aux ecclésiastiques, s'ils n'ont compassion de la simplicité de ces gens, et si, tous ensemble, ne s'opposent à la vexation et dure servitude que on leur veut imposer, puisque les pauvres n'ont d'eux-mêmes autres armes que les pleurs et la patience! Ces bons pasteurs sont donc cause de la servitude des âmes et des corps ; et les princes ont fait complot avec eux de renverser tout ordre de gouvernement. Ils doivent faire leur devoir au proufit de leur patrie, mais au lieu de cela ils vendent le roi, le peuple et le royaume à leur souverain pontife.

» Le conseil du roi est composé d'estrangers et de chimères, qui ne méritent autre nom que de *teignes et souris de cour.* La justice par faveur et restributions justifie le méchant et ne rend le droit à l'affligé, qui quiert jugement. Le pauvre peuple est si rongé de toutes sortes d'exactions, qu'il ne lui reste que l'esprit, lequel il tire à peine, et qu'on menace de lui arracher; encore ose-t-on dire que si l'on savoit qu'il y eust de l'or en la mouëlle de ses os, on les casseroit pour l'avoir : et brief y a tant de désordres, que de quelque part qu'on tourne, on ne void que désolations; nos princes estans tellement instruits, qu'ils osent usurper ce que l'empereur Calligula disoit au peuple romain : *Qu'il te souvienne que toutes choses me sont licites et envers tous.*

» De sorte que le roi et ses principaux ministres, au lieu de bien et droictement reigler les affaires de ce royaume, les ont colloquez au plus misérable et calamiteux estat qu'on les sauroit voir.

» Peuple français, à qui Dieu a donné richement les arrhes et gaiges de sa parole, souffrirez-vous que les ministres de votre prince, eslevés d'une confiance *pleine de vent*, se veuillent excepter du commun rang des hommes, et qu'ils vous foulent aux pieds comme la fange des rues?

» N'est-il demeuré aucun jarret ou bout d'oreille de la race de tant de nobles seigneurs français, les quels, quand nos roys se sont trouvés imbécilles de sens ou d'âage, ou trop sujets à leurs plaisirs, de sorte qu'ils abbandonnoyent le nerf de ce royausme à la merci des flots et tempestes, par leur vertu et conduite, ont récompensé tels desfauts et ont sauvé ce royausme d'une éversion manifeste, au nombre des quels ont esté Charles Martel, Pepin, Duguesclin, le Bastard d'Orléans, etc.

» La vertu des anciens François est-elle du tout esteinte, et ensemble qui n'ont pu souffrir que d'estre autrement gouvernés que royalement, comme nos annales et histoires nous témoignent assez.

» Or, il se peut dire qu'une femme reigne absolument contre les mœurs du pays et la loi salique, la quelle a esté de tout temps inviolablement gardée. Cette loi est si péculière et comme singulière à ce royaume, que les roys estant mineurs; quand les mères ont eu par la lascheté des princes plus proches du sang, la charge de la personne du roy et du gouvernement du royausme, il n'y a eu que division et tumulte, comme nous l'enseigne l'exemple de Blanche, mère de Saint-Louis; car en France, depuis que la quenouille et le fuseau ont voulu ourdir et desmesler les affaires, qu'y avons-nous vu autre chose qu'une iliade de maux, une odyssée d'erreurs et ruinemens pernicieux.

» Ce qu'on fait pour la conservation de l'estat, n'est autre chose qu'une foule et oppression de la quelle le Roy à son appetit veut affaiblir et abattre ses bons et fideles sujets, esquels pour le loyer de la piété qui est en eux, attendent qu'il ait le moyen de les exterminer. Il bannit et recule des charges publiques, et pratique, en leur endroit, l'ostracisme des Athéniens qui chassèrent Aristide, Phocion, Miltiade, Thémistocle, et tous ceux qui excelloient en justice et saincteté.

» De quels gens est tissu le conseil du Roy? je tais les femmes qui y tiennent le premier lieu; puis les ecclésiastiques y président le plus souvent, et allument des feux qu'on n'a pu encore esteindre : ce qui est contre la loi ancienne de France, qui veut expressément que ceux qui ont presté serment de fidelité au pape, ou à autres potentats estrangers, ne puissent entrer ni avoir séance au conseil des affaires, dont l'exemple du roy Jean, pourveu de bon conseil, nous rend suffisant témoignage, le quel osta ses sceaux et le maniment des affaires à messire Jean de

Dormans, son chancelier, après qu'il fût esleu cardinal.

» De quelles personnes est assisté le Roy? ordinairement d'estrangers qui fourragent ce qui est dû à la noblesse françoise, pour les despenses qu'elle fait à son service, et d'autres gens nouveaux et inconnus, les quels, comme harpies et sangsues, épuisent les finances de la France, et ne vivent en la grandeur à la quelle ils sont eslevés, sinon de la mouëlle qu'ils ont tirée des os du pauvre peuple, et du sang qu'ils ont tiré de ses veines.

» Finalement au conseil du Roy, les estrangers anciens ennemis de la France, et des quels les droits ne sont concordants au proufit de ce royausme, et gens la plupart ignorants ou frappés au coing de ceux qui commandent, y sont reçeus.

» Voyons notre Roy environné de tels flattereaux et parasytes, qui, pour le gratifier, osent dire que réduire les roys à la reigle et ordre prescrits, c'est les faire valets du peuple.

» Les Cours de Parlement, qui anciennement estoient par-dessus les roys, et s'opposoient avec grande intégrité à leur puissance absoleuë, aujourd'huy se laschent servilement au commandement de tous ceux dont elles esperent proufit, et allaitent de vaine espérance les pauvres plaideurs jusques à ce que les tenant en longueur et langueur, elles les engloutissent, et pour mieux faire leur proufit elles sement des pepinieres de procès et les rendent immortelles. Aussi que la plupart sont si ignorants, qu'ils n'ont garde de rendre à autruy la justice, la quelle ils n'ont eu eux-mesmes, et qu'ils ne savent pas : voici en somme tous ceux à qui on commet nos biens et nos vies (1).

» Doit-on souffrir que le Roy abuse de la rondeur et bonté de son peuple, et qu'il puisse sans urgente nécessité et accord des estats, prendre autre chose que son domaine et ses devoirs accoutumés?

» Vous François, qui avez le renom d'estre toujours combattus pour vos immunitez et libertez, endurerez-vous que ce mal prenne plus longue racine? souffrirez-vous estre traitez en vilains et rendus comme taillables, quand, par la subtile invention de

---

(1) Il est évident que le bon vieux temps ne valai pas mieux que le temps présent.

quelques Italiens qui s'engraissent de nos despouilles, et qui enfin, s'il est possible, nous vendront l'air sans le quel nous ne pouvons vivre, et feront acheter les marchandises au double?

» Procurez que les loix anciennes obtiennent et recouvrent leur vigueur en ce royausme, et que par la convocation des estats, ou (comme en un royausme libre, les langues doivent aussi estre libres), on pourvoye à une ruine prochaine dont la France est menacée, qui est un moyen légitime de la premiere institution de ceste monarchie, pratiqué et constitué jusques à ce que nos roys aient voulu reigner souverainement sans estre contrerollez, le quel il est expedient et necessaire de revoquer en usage.

» En ces assemblées, qui au commencement se nommoient Parlement, le Roy communiquoit avec ses sujets, prenoit leur advis, oyoit leurs plaintes, y pourvoyoit, et de ceste police dependoit la grandeur de la France.

« Nous avons encore des loix de Childebert, l'un de nos premiers roys, qu'il appelle pragmatiques, faites du consentement et volonté des François. Charlemagne divisa ses royausmes à ses enfans par le conseil des barons et le consentement de tous les François.

» Au commencement du roi Charles huitième, n'y eust-il pas de grandes divisions, qu'on vînt jusques aux armes, et ce royaume fut menacé d'une alteration d'estat qui se brassoit, et en eust produit de grands effects s'il n'y eust esté obvié par remontrances, loix, esdits, pragmatiques, faites aux estats tenus à Tours. Et depuis, ceste ancienne coustume fut délaissée par le tems de octante et sept ans, jusques au commencement du reigne de *Charles neuvième, à présent régnant.*

» Que doit estre autre chose notre prince, que roy et recteur *du royaume des François*, ainsi que Charlemagne s'intituloit en l'inscription de ses esdits et lettres patentes?

» Qui y a-t-il plus recommandable que quand l'ordonnance de Dieu, qui est autheur et conservateur de tout bon ordre, est engravée au cœur des roys, et que le roy reigne avec la benevolence et consentement de son peuple?

» Il n'y a aujourd'huy esperance que la France puisse recouvrer sa splendeur et esteindre toutes étincelles de partialité, si ce n'est par le conseil et les loix irrevocables des dits estats auxquels celui qui a tiré le peuple d'Israël des mains de Pharaon, qui a adoucy la cruauté d'Assuerus, et a domté l'orgueil de Nabuchadnezar, donnera par sa bonté et grâce, l'efficace de remedier aux désordres et ruines prochaines.

» Autrement de brief en ce royaume tempéré de trois sortes de gouvernement, la monarchie se convertira en une tyrannie extrême. L'aristocratie, qui est quand peu de gens de bien commandent, en olygarchie, ou contre les loix, peu de gens meschans d'une reigle tortue et inegale mesurent toutes choses, sans aucun respect de justice à leur proufit particulier. La démocratie, qui est un estat populaire, en une ochlocratie qui est un estat turbulent, où toute meschanceté a plus de forces que les loix ou bonnes mœurs.

» Si vous employez alaigrement pour parvenir à une reformation si necessaire sans espargner vos vies, personnes et biens, comme il est requis en un fait de telle importance, Dieu benira vos labeurs, comme aussi il vous couvrira de toutes sortes de malheurs et afflictions, si pour la piété et charité que devez à votre patrie, vous ne vous mettez en devoir de la délivrer du joug de la servitude misérable en laquelle elle est cruellement et inhumainement détenue (1). »

Oui, mes frères, c'est ainsi qu'on se plaignait sous le despotisme d'un Charles IX, dans un temps où l'on pendait un homme avec autant de gaîté de cœur que l'on condamne de nos jours à un an de prison ; dans un temps où il n'existait point de Charte qui consacrât le droit naturel de publier les opinions et la pensée ; dans un temps où l'on pouvait alléguer aux auteurs, pour prouver leur culpabilité, qu'ils étaient des mandataires sans pouvoir, des apôtres sans mission, en leur disant : Vos personnes, vos biens appartiennent au monarque absolu : vous n'avez pas le droit de vous plaindre, de vous opposer au bon plaisir du maître ; vous serez pendus, sans autre forme de procès que la volonté de l'homme puissant : n'êtes-vous pas vilains et très-vilains ?

Aujourd'hui un pareil placet fournirait des matériaux pour vingt réquisitoires. Quelle bonne fortune pour messieurs les avocats du

---

(1) L'auteur se rendait coupable de provocations tant directes qu'indirectes.

Roi! leurs réquisitoires qui requièrent condamnation seraient moins condamnables; en lisant attentivement les réquisitoires de 1818, on se convaincra qu'ils sont retardés de deux siècles, et qu'ils sont dignes de figurer à côté des décisions du Saint-Office.

Hélas! que dirait le grand correcteur des écrivains, placé près le tribunal de la police correctionnelle de Paris, si nos auteurs attaquaient directement la personne du Roi, qui n'est pas à présent plus inviolable et plus sacrée qu'au seizième siècle. Si nos brochures du jour renfermaient ces passages écrits dans la langue de Ronsard, traduits dans la langue de l'abbé Delille, la police et la justice ne laisseraient pas échapper l'occasion d'une saisie:

1°. Parce que supposer au Roi assez peu de discernement pour composer son conseil *de chimères, d'estrangers et de souris de cour*, ce serait tenter, par des injures et des calomnies, d'affaiblir le respect dû à la personne du souverain.

2°. Parce qu'avancer *que la justice justifie le meschant, par faveurs et restributions, qu'elle refuse de proteger l'opprimé*, ce serait affaiblir le respect dû au corps judiciaire, quand bien même il serait prouvé que ce corps est coutumier du fait, quoique le code et la loi de novembre gardent le silence à cet égard.

3°. Parce qu'en s'écriant : *Peuple françois, souffrirez-vous que les ministres de votre prince, eslevés d'une confiance pleine de vent, vous foulent aux pieds comme la fange des rues ?* ce serait exciter les citoyens à conspirer contre l'inviolable et sacrée personne des ministres ; ce serait injurier le monarque, en prétendant que la confiance qu'il accorde est *pleine de vent*, puisque Sa Majesté conserve ses ministres au milieu des clameurs poussées par les frêlons de la littérature, par les vagabonds de droite et de gauche de la chambre des députés ; parce qu'en prétendant que les ministres nous foulent comme la fange des rues, ce serait faire entendre qu'ils regardent les Français comme des vilains (dont ils ont fait partie), et qu'ils sont coupables du crime de lèse-nation.

4°. Demander *de quels gens est tissu le conseil du Roi, quelles sont les personnes qui l'entourent*, ce serait inviter le monarque à rendre des comptes que l'on ne peut réclamer que sous la monarchie absolue.

5°. Prétendre que *des estrangers fourragent chez nous, que des gens nouveaux et inconnus epuisent nos finances; que ces harpies, ces sangsues vivent en la grandeur a la quelle ils se sont elevés, de la mouëlle qu'ils ont tirée des os du pauvre peuple, et du sang qu'ils ont tiré de ses veines*, ce serait calomnier, injurier le gouvernement et la nation; car les Français sont tellement bien constitués, qu'ils pourraient, selon l'occurrence, prouver aux auteurs de brochures qui publieraient de semblables absurdités, qu'ils ont de la moëlle dans leurs os et du sang dans leurs veines, et que les Français d'aujourd'hui valent mieux que les vilains du seizième siècle.

6°. Affirmer *que le Roy est environné de flattereaux, qui pour le gratifier osent lui dire que reduire les souverains à la règle prescrite par les loix, c'est vouloir les faire valets du peuple*, ce serait révoquer en doute la magnanimité de la grande nation française, qui n'a jamais exprimé par l'organe de ses députés, ou par la plume de ses écrivains, qu'elle veut être gouvernée par un valet. La Charte, dont nous demandons l'exécution, conférant au roi tous les droits de la souveraineté, ce serait calomnier le gouvernement en lui supposant l'intention de nous priver de la charte : le contraire étant suffisamment prouvé par les journaux et par les écrits ministériels, qui repètent sans cesse que les lois fondamentales sont en pleine vigueur : *legite et credite.*

7°. Oser dire que les cours de parlement (actuellement l'assemblée législative) *sont au-dessus des rois*, ce serait poser en principe la souveraineté du peuple : cas de sédition *non prévu* par la loi de novembre, mais qui rentre, par analogie et par interprétation, dans les provocations directes et indirectes, et dans la publication des nouvelles alarmantes sur le maintien de l'autorité légitime.

8°. Dire que la chambre des députés (les cours de parlement) *se lasche servilement au commandement de tous ceux dont elle espère proufit*, ce serait vous calomnier, mes très-chers frères, en faisant entendre que vous vendez votre silence pour des billets de banque et vos paroles pour des places ; cas de calomnie *non prévu* par le code et par la fameuse loi de novembre, dite l'imprévoyante, qui, n'établissant pas les principes de droit public, n'indique point s'il est permis aux citoyens, d'admonester et de réprimander leurs fondés de pouvoir, chargés de soigner les intérêts nationaux et non pas leurs affaires particulières. Mais il est reconnu en fait, que les interprétations *ad libitum* de la loi de novembre, suppléent au silence du code pénal; que les réquisitoires sont les *actes additionnels* de notre charte et de nos codes. Ainsi les lois et les anti-lois se prêtent un mutuel appui, elles complètent notre législation : les innocens et les coupables ne peuvent échapper au glaive de l'implacable justice.

Un auteur qui publierait aujourd'hui sur les affaires du moment des réflexions aussi franches, serait condamné comme un séditieux par excellence.

Remarquez comme le plaignant s'exprime sur la conduite du Roi, sur le gouvernement de la reine-mère? N'apercevez-vous pas les provocations directes, dans ces mots: « peuple français, souffrirez vous que les ministres de votre prince, etc. Doit-on souffrir que le roi abuse de la rondeur et bonté de son peuple, etc. N'est-il demeuré aucun jarret ou bout d'oreille de ces nobles seigneurs français, lesquels, quand nos rois se sont trouvés imbécilles de sens ou d'âage, ou trop sujets à leurs plaisirs, etc. » Il cite Charles Martel et Pepin.

On ne l'a point accusé d'avoir répandu des nouvelles alarmantes sur le maintien de l'autorité légitime; d'avoir excité les *vilains* à désobéir au Roi, d'avoir tenté par des injures et des calomnies, d'affoiblir le respect dû à la reine-mère et au prince son fils.

Il est évident, sans avoir recours au système des interprétations découvert par la justice moderne, qu'il conseilloit aux Français de renvoyer Catherine de Médicis à la quenouille et au fuseau, et de faire filer avec elle le jeune roi pour lui tenir compagnie; il semblait dire, par interprétation, qu'il fallait exiger de la mère et du fils un cautionnement de bonne conduite, afin que la France eût la certitude de ne point être témoin d'une seconde représentation de la Saint-Barthélemy: cautionnement inventé de nos jours par le génie fiscal, cautionnement exigé de certains écrivains, dont la conduite passée et présente pourrait servir de modèle à Messieurs de la police correctionnelle et de la police criminelle.

M. l'avocat du roi fut aussi l'avocat de l'empereur pendant les cent jours; il défendait l'illégitimité avec autant de chaleur qu'il défend aujourd'hui la légitimité. Il eût accusé en 1815 un écrivain séditieux d'exciter les citoyens à désobéir à son patron impérial; si le même écrivain était traduit aujourd'hui devant la police correctionnelle, le même avocat qui plaidait la cause de l'empereur, plaidant la cause du roi, signalerait le prévenu comme coupable d'avoir excité les citoyens à désobéir au souverain légitime. Il résulte des principes émis par M. l'avocat impérial-royal, qui sont aujourd'hui la règle des auteurs, (ainsi le veut notre gouvernement) que les citoyens ne peuvent, sans être séditieux, refuser d'obéir non seulement au souverain légitime, mais encore au souverain illégitime; doù je conclus qu'il serait convenable que le roi exigeât de son avocat un *cautionnement de bonne conduite.*

Pour vous convaincre que les écrivains ne sont point licencieux, je vais soumettre à votre sagacité les IDÉES LIBÉRALES, les doctrines politiques du 16e. siècle.

« On veut dire (1) que la première ori-

---

(1) Etat de la France sous Charles IX. 1574, deuxième édition.

gine des titres de noblesse a esté du temps de David; les autres disent que ce fut Thésée qui divisa la noblesse d'avec les laboureurs: mais il est certain que les premiers nobles furent ceux des quels parle Moyse avant le déluge, qu'il dit avoir esté les puissants qui de tous temps ont esté gens de renom, desquels la noblesse consistoit plustôt en audace et violence, que non pas en qualités requises pour la vraye noblesse; comme il y en a assez de tels aujourd'huy qui ne constituent leur noblesse qu'en la race et en la violence sur les impuissants.

» Il appert donc que la noblesse vraye vient de vertu, et que les premiers autheurs en ont obtenu le titre par violence, sans l'effect; mais Dieu a converty en bien ce qui estoit du mal des hommes, et a beny la noblesse, la puissance des roys, pourveu qu'elle se retienne dans les bornes d'équité et utilité publique.

» Ce n'est donc pas fondement du tout valable pour la noblesse, que d'alléguer la seule race; et de fait, il faut qu'elle apparoisse comme une résidence de vertu au lignage de celui qui s'en veut vanter: il s'en vantera en vain, s'il n'en suit ce qui a donné la noblesse à ses devanciers ; car la gloire ne consiste pas à estre du lignage de Caton ou de Scipion, si ce n'est qu'on succede à leur vertu ; on ne peut dire que quelques serfs ne soient descendus des roys. Il faut donc conclure que noblesse n'est pas du tout en l'excellence des parens, considérant mesme qu'elle peut être acquise ou perdue par accoustumance.

» Il faut donc tenir pour resolu que la vertu et la justice des hommes bien connus et expérimentés les ont faits roys et nobles, et que cela mesme qui les y a faits, est le seul moyen de les y retenir pour estre dits tels en vérité.

» Il y a noblesse introduite de raison naturelle, que les legistes appellent primerain droit des gens ; c'est ce que l'on assigne pour la certaine distinction entre vraye liberté et vraye servitude, entre les nobles et les ignobles : or, de ceste noblesse naturelle provient la noblesse politique, qui est une souveraineté et seigneurie sur aucuns, par une préeminence ou par privilège du prince, qui est le premier et souverain noble ; il y a donc différence des nobles envers le commun, et distinction entre les nobles mesmes.

» Socrate disoit qu'entre les vices familiers à la noblesse, elle en avoit un particulier, qui ternissoit son excellence et dignité; c'est une opinion et un amour que les nobles ont à eux-mêmes d'une gloire empruntée de leurs majeurs, de la quelle, aveuglez, ils méprisent le vulgaire, du quel la meilleure partie de la Cité est composée. La vie donc attribue noblesse à qui par long-temps l'a demenée noblement, comme au contraire elle oste la noblesse à qui les prédécesseurs l'auroient acquise.

» Voilà donc ce que c'est que cet estat de noblesse de si long-temps reçeu; elle a esté autrefois en la personne, comme on voit ce qui est dit des chefs des lignées et des anciens en Israël, desquels les enfans n'étoient pas pour cela reputés plus nobles que les autres, qui depuis a esté faite héréditaire.

» C'est un ordre qui tend à bonne fin et d'où il provient beaucoup de bien, si les esfects suivent leur premiere institution et intention de ceux qui ont reçeu les nobles; car ils sont pour seigneurier, et par conséquent faits participants chascun de quelque portion du droit royal sous le souverain du quel ils sont le bras dextre; et cependant doivent conserver le pauvre peuple qui leur est donné en garde, et qui tant humblement se soumet à les reverer et à leur rendre obéissance. Mais ce sont ceux qui par arrogance lui font le pis, et qui le poussent plus rudement en servitude, sans avoir esgard que le pauvre peuple y tombant, tirera enfin la noblesse après, quand par le dégast de la communion d'entr'eux, le souverain les rangera les uns et les autres sous lui, en mesme condition........

» Les peuples ont tellement reçeu par coustume d'avoir des roys par succession, qu'elle est aujourd'hui tenue pour loy et pour droit. Mais si est-ce qu'en effect, quand le roy décline du deu de son office, les peuples peuvent lors lui faire cognoistre, veu qu'il y a différence entre une possession de domaine et une charge et office d'administration, car en tout évenement il faut considérer l'origine, la cause et la fin des magistrats qui ont esté créez aux peuples, et non les peuples aux magistrats, comme le tuteur qui est créé au pupille, et non le pupille au tuteur; le pasteur au troupeau, et non le troupeau au pasteur; car il fallait qu'il y eust assemblées et troupes d'hommes avant la création des magistrats, qu'ils ont créez avec paches et obligations réciproques et correspondantes. Ainsi les droits des roys ne se rendent pas proprement à leur personne, mais plustôt pour le regard de leur charge et office....

» Mais cela estant résolu qu'il faut avoir magistrats pour le gouvernement, le quel me semble entre tous le plus célèbre et désirable, il n'y en a point de si louable que la monarchie; et, à dire vray, il semble que Dieu l'ait pour plus recommandable, estant la figure du gouvernement éternel, et l'image de la divine monarchie conférée à son fils, seul dominateur et roy des roys, de mesme qu'au premier patron de police qui est l'économie. Dieu a institué un seul chef, qui est le père de famille; les roys ont esté tenus comme les pères des peuples, et mesme en quelque pays en ont eu le nom, comme les Abimélechs, qui est à dire, *mon père le roi.*

» Je n'approuve pas qu'on loue tant la monarchie, que pour cela on déprise les autres polices, car si les bons estats monarchiques sont désirables, il faut estimer que peu souvent ils se rencontrent; car les bons monarques sont bien rarement remarques, veu mesme que en Juda, de 22 rois qu'il y eust, il ne se trouve que David, Aza, Josaphat, Joas, Joatham, Ezéchias et Josias, qui aient tesmoignage de probité et bonne police; et encore ont-ils fait de grandes fautes.

» Vray est que pour les bienfaits reçeus d'une famille, les peuples le plus souvent ont esleu un d'icelle pour recognoissance, tellement que par telle voye a esté conférée aux princes l'hérédité des royaumes; mais il apparaît qu'au règne de Juda, l'election y avait lieu même avec la succession, car Dieu esleut David et sa postérité pour régir son peuple, assignant qu'en icelle naistraît J. C., vray roy, vray héritier. Les aisnés de la famille de David n'ont pas tousjours obtenu le royaume, mais bien de la famille qui avoit esté esleue de Dieu ou des anciens du peuple. Salomon qui n'estoit pas l'aisné, toutes fois fut esleu de Dieu; Roboam, son fils, fut Roy, mais estant esleu par les anciens des douze lignées.

» On voit quant à ceste élection, comment on en a usé au couronnement de Joas, de Josias et autres rois; là où le peuple les constitua sur soy avec certaines conditions, faisant alliance entre Dieu, le roy et le peuple; et à la vérité ceste façon de créer les roys regarde à deux bonnes fins : l'une, pour ne destituer le peuple de sa liberté, et l'autre pour ne rejeter ingrattement la famille qui aurait obligé le public; et par ce mesme moyen se pourvoit à deux maux : l'un, que quand la succession héréditaire à lieu, souvent l'empire eschet à personnes indignes et tyranniques; l'autre, que quand la chose va par simple élection, c'est une couverture à séditions et guerre, par le moyen des partialités qui s'y pratiquent; ainsi semble bien que cette forme soit la plus convenable et tempérée.

» Le royaume est tellement fait héréditaire, que c'est sauf le droit du public qui est préféré au droit de quelque particulier que ce soit, et tenu pour le souverain sur toutes reigles et coustumes civiles; car principauté royale n'est pas une possession privée ni une chose familière, en laquelle on doive hériter selon les lois et constitutions communes des héritages des citoyens, et n'est chose vénale ni divisible, ni chose dont on puisse tester, mais un excellent office public et une dignité honorable qui requiert vertu, sagesse et prudence en l'homme qui y est constitué.

» Ce ne seroit plus royausme, s'il se distribuoit selon les droits qui parlent de succession ou de translation d'héritages familiers ; car, en telle chose la succession a tellement lieu, qu'elle dépend de l'élection que le peuple fait du lignage, du quel l'aisné ou le plus habile est reconnu en premier lieu. Cela est une reigle de nature et une coustume observée entre le peuple de Dieu. Si ce premier se trouve incapable, comme s'il se trouvoit hors de sens et de tout pervers, il en pourroit estre débouté, non par son prochain, mais par l'autorité publique, qui n'est attachée à personne singulière, en tant que le bien d'icelle l'ordonne.

» Si le roy a des imperfections qui importent au public, on revère tant son lignage qu'on donne l'administration aux prochains. La mauvaise administration d'un prince monstre désia que la foi généralement donnée à son peuple est par lui violée ; mais quand pour cause spéciale il leur à solemnellement promis et juré quelque chose, le forfait redouble.

» Je ne soutiens aucun parti que pour la concorde civile; mais quant à ceux que l'on condamne et outrage, j'ai maintenu qu'il leur est loisible de se défendre, mais je n'entends pas que toutes choses soient licites et expédientes.

» Ceste défense-là s'entend en divers sens; car s'il n'estoit question de se deffendre jusques à ce qu'on eust le cousteau sus la poitrine, elle seroit peut-estre trop tardive, mais les hommes voient venir l'orage par ses signes et précurseurs; il faut avec raison qu'ils y pourvoient. Saint Chrysostôme dit à ce propos que l'émotion est quelquefois nécessaire, et qu'une paix pernicieuse doit estre rompue, laquelle en ramene une autre tranquille et louable. Donc ceux qui avec leur particulier ont charge de veiller pour le public, feront leur devoir d'y penser.

» Les princes doivent-ils recevoir réprimandes et punitions? Si font bien; car il y a les puissances inférieures et députés du peuple, autheurs des princes, qui, les ayant faits, les peuvent desfaire et ne peuvent laisser par raison la principauté décliner à tyrannie, car ils trahiroient la patrie qui a constitué tels estats pour empescher la tyrannie. Si elle survient, c'est aux sujets à recourir humblement et sans confusion au remède vers ceux-là qui sont comme souverains magistrats par-dessus le prince en cest endroit que qu'ils soient privés, et au dessous, pour un regard ordinaire.

Il ne faut point penser que le prince, sans tyrannie, puisse oster cest ordre; car cela vient de la première source de gouvernement estabi de nature et de Dieu.

Le peuple d'Israël avoit droit de mettre et desmettre les roys, comme il est récité en plusieurs endroits de l'Ecriture; et à cela s'accorde l'autorité de saint Jérôme.

Il faut considérer que Dieu donna les roys aux peuples; comme il appert qu'il donna Saül et David, il les donne pour estre ducs et conducteurs; quelque préeminence qu'ils aient, si sont-ils os des os et chair de la chair de leurs sujets, comme il fust dit par le peuple à David, par ce que son excellence n'abolit point le titre de fraternité avec son peuple.

Or, il faut bien noter que combien que l'hypocrisie et déloyauté des princes perfides procèdent purement de leur cœur pervers et malin, Dieu cependant s'en sert pour chastier et punir la rebellion et opiniatreté d'un chascun que c'est lui qui fait régner le roy hypocrite à cause des péchez du peuple.

» Il est bien convenable que les Roys aient forces, mais non pas pour se servir d'icelles à violenter leurs sujets, mais pour résister aux invasions qui se feroient au préjudice d'iceux et de la monarchie, et qu'ils considèrent que la grâce de reigner est pour l'ustilité du peuple, et non pour leur particulier.

» Si la république ne veut qu'un particulier se perde qu'autant qu'il y va de l'intérêt public, combien moins devons-nous endurer qu'un roy fasse la faute de se ruiner soi-mesme, et principalement son royausme, duquel un roy ne peut se dire propriétaire, mais administrateur seulement de ce bien, non plus, comme disent les canons, un abbé du sien; tellement que ses héritiers ne sont tenus de ses faits et promesses, sinon qu'autant qu'elles sont au proufit du royaume.

» Le roy ne peut estre sans peuple, le peuple peut estre sans roy, qui est enfant de la patrie, quant à sa génération, et est fait père d'icelle, quant à sa charge.

« Quant au juge, Dieu l'est bien souverainement; le roy est au peuple à lui donné de Dieu, pour son utilité; le peuple lui est donc supérieur, et le prince reconnoît cela quand il donne le serment au peuple de le maintenir en ses franchises et libertés, et le garantir d'oppression et injustice.

» Le plus ancien et le plus cher de tous les biens, sur quoi aucun selon droit divin et de nature ne peut rien attenter, c'est la liberté; sur laquelle Dieu seul, qui seul l'a donnée; a seul puissance.

» Le peuple a joui de cela avant qu'il y eust prince créé; donc si l'on venoit selon les reigles à disputer qui a plus de droit ou le prince de commander à la république, ou le peuple d'user de la liberté, il se trouveroit que le peuple a plus de droit à oster la puissance du prince, que le prince n'en a d'oster la liberté du peuple, suivant ce qui est dit que le plus fort et plus ancien droit doit estre préféré.

» Que si le prince allègue avoir des droits sur le peuple, plus que le peuple n'a sur lui, je l'advoue; mais c'est quant à un ou plusieurs particuliers, mais non sus la multitude du public.

» Le peuple, par la volonté de Dieu, a donné la puissance au prince à conditions sainctes et équitables; s'il en abuse, on peut pratiquer la loi qui dit que la chose donnée peut estre révoquée pour la coulpe de celui auquel elle est donnée, ou pour son ingratitude, il faut donc à un tel prince oster ce qu'on lui a donné sous condition de l'exercice de justice et conservation des droits du public.

» Or, cela est reconnu que les Etats peuvent réprimer les roys, et que par la voie publique on peut les corriger, appréhender, et par ordre de justice, les punir.

» Il advint que Salomon mort, les anciens des Israélites ayant esleu Roboam', le requirent que le public fust soulagé des impositions dont le peuple estoit grevé; ce qu'il refusa, menaçant d'en faire pis; qui fut cause que Jéroboam, qui avoit esté esleu de Dieu par la bouche de son prophète Ahias, s'estant ingéré pour le public de reprendre les fautes de Salomon, fut constitué par les anciens pour roy; tellement que quand Roboam, qui prétendoit cela lui appartenir de droit successif, vouslut le reconquester par les armes, il lui fust défendu au nom de Dieu, par Semoïa le prophète, de n'en rien plus entreprendre.

Joiadas, grand sacrificateur, assisté d'une

bonne partie des anciens et principaux du peuple, occit Athalia, et elle morte, soudain aussi la tyrannie.

» Il y a, oustre ce qui a esté dit, exemple d'un public qui punit un roy en la personne de ceux de sa postérité, et eust tout Israël à souffrir, pour avoir acquiescé à sa méchanceté, estant violateur de la foi publique, comme furent Sennachérib, Nabuchodonosor et Antiochus.

» L'impératrice Martine régna à Constantinople, l'an 641 ; elle fut condamnée par le sénat à avoir la langue coupée, pour avoir empoisonné Constantin, fils d'Héraclius, son mari.

» Irène, impératrice et putain, qui régna l'an 801, pour avoir conspiré contre la liberté de l'empire d'Orient, sous ombre de son mariage avec Charlemagne, fut déposée, et Nicéphore constitué empereur.

» Charles Legros, fils de Loys, roy de Germanie, par lequel l'empire fut transféré des Français aux Allemands, empereur en 880, fut déposé à cause de sa nonchalance en l'administration publique, et, pour avoir répudié sa vertueuse femme, mis en un monastère.

Wenslaus, empereur, fils de l'empereur

Charles quatrième pour avoir esté lasche en sa charge fut desposé. Théodoric, roy de France, fils de Clovis, fut fait moine, parce qu'il ne valait rien, et son jeune frère fait roy. Richard second, roi d'Angleterre, fut desposé et puni par son peuple pour n'avoir aimé le bien public.

« Sigismond, roy de Hongrie, qui régna l'an 1388, pour avoir été cruel et mauvais administrateur, fut desposé, remis, de rechef desposé, et près d'estre exécuté, encore remis.

» Sombelaus, roy de Bohesme, régna l'an 1245, et pour avoir voulu usurper choses indues fut desposé du royaume, et relégué. Byrgius, roy de Suède, qui régna en 1515, convia ses deux frères à un festin, les tua; qui fit que ses sujets le chassèrent en perpétuel bannissement. Boson, roy de Bourgogne, fut de très-mauvais gouvernement: ceux d'Autun ne le pouvant plus souffrir, s'allièrent de Louis et Carloman, qui les mirent en liberté. Marie royne d'Ecosse: estant chargée de la mort de son mary, a esté constituée prisonnière par ses sujets.

» Ainsi l'on voit qu'il y a une concordance en tous les peuples sous ceste loy générale qui veut que les meschants princes soient chastiés. Que si les princes qui sont aujourd'huy veulent impugner ceste puissance des peuples, qu'ils sachent qu'ils sont tous vestus des dépouilles de ceux que les peuples ont dévestus pour les en vestir, et qu'il faut donc, pour l'anéantir, qu'on ramene les héritiers desvestus pour les remettre au lieu de ceux qui règnent aujourd'huy ; à quoi j'estime qu'ils ne consentiront pas volontiers.

« Sur ce, il faut entendre que par l'advis des anciens, la multitude a toujours la domination souveraine, car l'élection et correction des princes lui appartient, et ensemble de réduire les choses excessives de l'Etat. Il est vrai que pour une bonne police, cette multitude n'a pas seule l'autorité, mais estant composée d'un nombre de prudents et de vertueux, à telle assemblée entière appartient la souveraine juridiction ; c'est là que gist la puissance publique, dont le prince est ministre et député, et cela s'exécute par les eslens de cette multitude, qui ont leur charge limitée par le consentement général, auxquels chaque particulier aura fait entendre ses griefs et son indigence, tels que les princes ne les pourroient pas deviner. Ceux-là donc avertiront le prince, le corrigeront si tant est qu'il abuse ou qu'il néglige sa charge, de laquelle dépend son autorité.

» De rechef, par ce mot de multitude, nous entendons une assemblée conduite par gens sages, assujéties aux bonnes lois, afin qu'on n'estime pas que nous entendons cela de la populace qui se laisse gouverner le plus souvent à l'appétit du premier garnement qui aura dextérité à mal faire.

» Or, si la multitude vulgaire est suspecte d'erreur, ce n'est de merveille si ceste suspicion est envers l'ignorance ou passion d'un seul homme, et qu'il ne lui faille assistance et advis de ceux pour lesquels est faite la loi comme pour lui.

» Au surplus j'advoue bien que qui révoqueroit en doute si le roy auroit puissance de dire, *ainsi je veux, ainsi je l'ordonne*, qu'un tel seroit sacrilége de cognoître jusques où elle s'étend. Cela appartient au corps de la multitude des citoyens qui l'ont créé, ou à leurs députés, et ne sont pas pour cela sacriléges.

» Il y a plusieurs manières différentes au gouvernement des royaumes du monde : la première forme tend à la correction de l'abus des roys qui n'ont qu'un pouvoir limité ;

l'autre comme une œconomie que le prince gouverne, tant au profit de ses sujets comme le père en sa maison. Elle fust la première institution de ce sainct estat, suscité par la nature, receu et approuvé par toute la république des hommes, y ajoutant ce que la nécessité a enseigné et introduit, comme Jethro conseilla à Moïse d'élire des anciens (ce sont des députez pour le public), qui veillent pour tenir le Roy averty de tous les griefs et nécessités du peuple, et le peuple averty de tout ce qui pourroit se passer à son préjudice, aux mains duquel la puissance souveraine est dévolue, quand le prince qui en avoit esté orné se bande contre le public, et non autrement.

» Ce sont volontiers ceux-là qui ayant l'entendement net et l'esprit clairvoyant, ne se contentent pas, comme le gros populas, de regarder ee qui est devant leurs pieds, s'ils n'avisent et derrière et devant, et ne ramènent encore les choses passées pour juger de celles du temps advenir, pour mesurer les présentes ; ce sont ceux qui ayant la teste d'eux mesmes bien faite, l'ont encore polie par l'estude et le sçavoir. Ceux-là, quand la liberté seroit entièrement perdue et toute hors du monde, l'imaginant et la sentant en leur esprit et encore la savourant, la servitude ne leur est jamais de goust, pour si bien qu'on l'accoustre: la liberté leur est toute ostée, sous le tyran, de faire, de parler et quasi de penser.

» On doit accorder que la monarchie est le plus louable de tous les gouvernemens, mais aussi le plus glissant, s'il n'est retenu aux termes d'équité, par bonnes liaisons, d'autres puissances qui l'appuyent et qui la facent aller droit.

» Plutarque, au banquet des sept sages récite que Solon, parlant à son tour, dit qu'un, prince souverain ne se peut rendre plus glorieux que de communiquer son autorité souveraine à ceux de ses sujets capables et suffisans, faisant, par manière de dire, d'une monarchie une démocratie : telles puissances sont pour tenir le Roy en bride.

» Il faut bien chercher la justice vers le prince qui a charge de l'administrer ; mais elle ne réside pas en l'homme qui est imparfait et variable, mais en la loi de laquelle il est interprète et gardien.

» En un corps, le prince tient lieu de chef; les magistrats subalternes, juges et officiers, le lieu des oreilles et des yeux ; le conseil et multitude des sages esleus, le lieu du cœur ; la gendarmerie, le lieu des bras et des mains ; les marchands, artisans et laboureurs, le lieu des jambes et des pieds ; et pour maintenir ce corps universel en bonnes dispositions, il ne faut pas qu'une de ses parties attire à soy trop d'humeurs et accroissement, austrement elles se feront grandes et enflées oustre la proportion convenable, dont les austres se sentiront avoir défaut, et par l'abondance et superfluité d'icelle, se trouveront asséchées et désolées, et le corps mal disposé et languissant ; ce qui sera cause de la mort des estats civils.

» La monarchie peut estre mixte de royauté et de tyrannie : elle est royale, lorsque le prince est légitimement parvenu, et que ses sujets sont volontairement submis à son obéissance ; puis elle est tyrannique, en ce que le prince s'escarte des loix naturelles et esquitables, et qu'il altère celles sur les quelles sont fondés les droits du royausme ; en ce qu'il gouverne comme esclaves des personnes libres, ou bien quand le prince observe les loix et qu'elles sont tellement defectueuses, que, parlà, il demeure trop de puissances en l'arbitre du Roy.

» Or, celui qui prend une dignité dont puis après il prostitue l'honneur, mérite d'en estre desmis ; comme, entr'autres choses, quand au lieu de virilité et d'entretenir la majesté d'une cour royale, on la voit efféminée et réduite en puantise de sodomie et de bordeau. Faut-il donc que tout périsse ainsi pour rendre content un seul ou quelques siens adhérans ? Non ; mais il faut que la patrie garde son droit et se conserve.

» Les lois portent expressément que le prince ne se doit vendiquer de telles aliénations sur hommes ses sujets, que ce ne soit avec leur consentement et volonté.

» Les princes d'aujourd'hui bandent leurs peuples en deux parties, et desfont mesme celle qu'ils approuvent, qui se consume en voulant ruiner sa partie adverse. Il faut, au contraire, que les princes quittent leur affection au public, et, comme on dit souvent, cèdent au temps et tousiours à la nécessité.

» Mais ils sont sur les loix, dit-on, à cause qu'ils ne tiennent leur puissance que de Dieu, de la nature et de l'espée.... S'ils ont la puissance de Dieu, qu'ils l'exercent donc selon Dieu ; s'ils l'ont de nature, qu'ils l'exercent humainement et selon nature ; s'ils l'ont de l'espée, il n'y en a point qui vaille que celle de la justice; et s'ils en prennent une austre, quelqu'un prendra celle qu'ils ont pour en faire sur eux-mesmes, ce que leur devoir porterait, en l'ayant, de faire sur les austres.

» Ce sont toujours quatre ou cinq qui maintiennent le tyran, quatre ou cinq qui lui tiennent le pays tout en servage. Tousiours il a esté que cinq ou six ont eu l'oreille du tyran et s'y sont approchés d'eux-mesmes, ou bien ont esté appellez par lui pour estre les complices de ses cruautés, les compagnons de ses plaisirs, m...x de ses voluptés et communs aux biens de ses pilleries.

» Ces six adressent si bien leur chef, qu'il faut pour la société qu'il soit meschant, non-seulement de ses meschancetez, mais encore des leurs; ces six ont six cents qui profitent sous eux, et font de leur six cents ce que les six font au tyran; ces six cents tiennent sous eux six mille, aux quels ils ont fait donner ou le gouvernement des provinces, ou le maniement des deniers, afin qu'ils facent tant de mal qu'ils ne puissent durer que sous leur ombre, ne s'exemter que par leur moyen des loix et de la peine.

« Qui voudra s'amuser à dévider ce filet,

verra que non par les six mille, mais les cent mille, les millions, par ceste corde, se tiennent au tyran; en somme, l'on en vient là par les faveurs, par les gains ou regains que l'on a avec le tyran, que l'on trouve quasi autant de gens, aux quels la tyrannie semble estre profitable, comme à ceux que la liberté seroit agréable.

» Les gens assujétis, outre le courage guerrier, ils perdent encore en toute chose la vivacité et ont le cœur bas et mol, et sont incapables de toutes choses grandes; les tyrans connoissent bien cela; et voyant qu'ils prennent ce pli, pour les faire mieux avachir, encore leur y aident-ils.

» Quel vice ou plutôt quel malheureux vice, voir un nombre infini non pas obéir, non pas estre gouvernés, mais tyrannisez, n'ayant ni biens, ni parens, ni enfans, ni leur vie mesme qui soit à eux, souffrir les pilleries, les paillardises, les cruautés non pas d'une armée, non pas d'un camp barbare contre lequel il faudrait despendre son sang et sa vie devant, mais d'un seul, non pas d'un Hercule ni d'un Samson, mais d'un seul hommeau, et le plus souvent le plus lasche et féminin de la nation, non pas accoustumé à la poudre des batailles, mais encore à grand peine au sable des tournois! (1)

» Ce sont les peuples eux-mesmes qui se laissent ou plutôt se font gourmander, puisqu'en cessant de servir ils en seraient quittes; c'est le peuple qui s'asservit, qui se coupe la gorge, qui ayant le choix d'estre sujet ou libre, délaisse sa franchise et prend le joug. S'il lui coustoit quelque chose de recouvrer sa liberté, je ne l'en presserais point, combien que ce soit ce que l'homme doit avoir plus cher, que de se remettre en droit naturel, et par manière de dire, de beste redevenir à homme.

» Les roys gouvernent sur une multitude ordonnée à vivre selon vertu et honnesteté, qui s'appelle *citoyens*, mot contraire à celui de *serf*, qui n'a rien qui soit sien, et est lui-mesme possession de son seigneur, comme seroit un peuple bestial et incapable de civilité, comme pourroient estre des Troglodytes ou sauvages anthropophages.

» Liberté est vivre comme l'on veut; ce qui est dit de celui qui a esleu une manière de vivre honneste, rendant obéissance aux loix et à l'équité, et ce, sans contrainte.

---

(1) L'auteur voulait parler du jeune Charles IX.

» Quoi ! si pour avoir la liberté il ne lui faut que la desirer, s'il n'est besoin que d'un simple vouloir, se trouvera-t-il nation au monde qui l'estime trop chère, la pouvant gagner d'un seul souhait, et qui plaigne sa volonté à recouvrer le bien lequel on devrait racheter au prix de son sang, et lequel perdu tous les gens d'honneur doivent estimer la vie desplaisante, et la mort salutaire?

» Pauvres gens, et misérables peuples insensés, nations opiniâtres en vostre mal et aveugles en vostre bien, vous vous laissez emporter devant vous le plus beau et le plus clair de vostre revenu; celui qui vous maîtrise tant n'a que deux yeux, n'a que deux mains, n'a qu'un corps, et n'a autre chose que ce qu'a le moindre homme du plus grand nombre infini de vos villes, sinon qu'il a plus que vous tous ces avantages que vous lui faites pour vous destruire. D'où a-t-il pris tant d'yeux, si vous ne les lui donnez? d'où a-t-il pris tant de mains pour vous frapper, s'il ne les prend de vous? les pieds dont il foule vos cités, d'où les a-t-il, s'ils ne sont des vostres? comment a-t-il aucun pouvoir sur vous que par vous autres mesmes?

» Soyez résolus de ne le servir plus, et vous

voilà libres ; je ne veux pas que vous le poussiez, que vous le bransliez, mais seulement ne le soustenez plus, vous le verrez comme un grand colosse à qui on a dérobbé la base de son poids mesme, fondre en bas et se rompre.

» Reste donc à dire que la liberté est naturelle, et par mesme moyen, à mon advis, que nous ne sommes pas seulement mis en possession de notre franchise, mais aussi avec affection de la deffendre ; et si d'aventure nous faisons quelque doute en ce, et sommes tant abbastardis que ne puissions cognoistre nos biens, il faudra que je vous fasse l'honneur qui vous appartient, et que je monte, par manière de dire, les bestes brutes en chaire pour vous enseigner vostre nature et condition ; les bestes, ce m'aide Dieu, si les hommes font trop les sourds, s'écrient : *vive liberté!....* »

Veuillez, mes frères, feuilleter les brochures publiées depuis un an, et sur-tout celles qui ont obtenu les honneurs de la saisie, vous n'y trouverez pas des doctrines aussi hardies, des vérités aussi dures ; cependant l'auteur était monarchique et royaliste.

Depuis quelques années, le gouvernement

considère comme des enfans de la révolution tous ceux qui traitent de pareilles matières libéralement, et vous verrez que l'on signalera comme un sicaire de 1793 cet auteur qui écrivait en 1574. Le grand correcteur dénoncera comme le successeur de Marat ce pauvre homme dont les cendres reposent en paix depuis plus de deux cents ans.

On dira qu'il a contribué à notre révolution ; qu'il fut l'un des régicides ; qu'il répandait des nouvelles alarmantes sur le maintien de l'autorité légitime; qu'il provoquait directement et indirectement au crime de lèze-monarchie, et qu'il tombait, au seizième siècle, dans les cas *prévus* par les articles 1, 2, 3, 4, 5, 6, 7, 8 de la loi de novembre 1815.

Malgré ces provocations et ces nouvelles alarmantes, l'autorité légitime et la monarchie se sont soutenues pendant *deux cents ans*. Six rois, Henri III, Henri IV, Louis XIII, Louis XIV, Louis XV et Louis XVI, ont gouverné la France selon leur bon plaisir : un seul fut frappé par la hache du fanatisme politique. Si quelques doctrines ont porté le poignard dans le sein de Henri III, de Henri IV, et menacé la vie de Louis XV, ce sont les doctrines du fanatisme religieux qui, ainsi que le fanatisme politique, méconnaît les droits des rois, les droits des peuples, les droits de l'humanité.

L'auteur attaquait directement les tyrans, Charles IX régnait alors, le despote mourut naturellement : il rendit le dernier soupir sur le chevet qui soutenait sa tête couronnée ; il ne fut pas détrôné.

S'il faut deux cents ans avec le secours des écrivains pour détruire la légitimité et renverser la monarchie, avouez, mes frères, que messieurs de la police et de la justice portent à l'excès la prévoyance.

On me reprochera peut-être d'exhumer les opinions des philosophes du temps de Louis XVI, qui furent publiées au seizième siècle, et de les reproduire dans des lieux publics? Vous n'êtes point, mes frères, des *frères et amis*. Le code pédal, et feu la loi d'octobre 1815, dite des suspects, défendent les réunions de plus de vingt personnes ; votre assemblée de deux cent cinquante-trois personnes est licite : la Charte, qui l'autorise, est une loi d'exception au code pénal et à la feue loi des suspects.

Mais, hélas ! la fameuse, la trop fameuse

loi de novembre existe encore ; nous n'avons point eu le plaisir de chanter son *de profundis*, et de versifier son épitaphe ; elle jouit d'une santé parfaite. Les tribunaux ont donné de nouvelles forces à cette moribonde ; suis-je dans le cas prévus par cette loi ? non.

Mon sermon prononcé devant une réunion licite validée par la Charte, n'a point pour but la sédition que veut réprimer la loi. S'il étoit imprimé, on ne pourroit regarder comme séditieux un sermon qui, publié par la voie de la presse, ne l'étoit pas par la voie de la parole.

Mon sermon n'est donc pas séditieux : l'autorité ne peut condamner la publication et la réimpression des opinions du seizième siècle, 1°. parce que je ne suis point auteur éditeur, *réimprimeur*, distributeur d'ouvrages composés à l'étranger ; 2°. parce que les opinions publiées, imprimées, permises ou tolérées, ou approuvées, sous Charles IX et Henri III, ne peuvent être réputées dangereuses et séditieuses ; 3°. parce que l'on peut écrire sans crainte, sans courir aucun danger, sous le règne constitutionnel d'un descendant de Henri IV, ce que l'on écrivoit librement sous le règne absolu des prédécesseurs du Grand Henri.

Lorsque la force des argumens, la raison et la logique poussent l'autorité dans ses derniers retranchemens, lorsque ses petites ruses amphibologiques se trouvent déjouées, la puissance venant à son secours, fait usage de son talisman pour se dérober aux attaques; elle essaie d'imposer silence en prononçant le mot *circonstances*, qui, par l'effet du temps, a perdu sa vertu magique.

La France, sous Charles IX et Henri III, devenue le théâtre des fureurs de la ligue et des controverses politiques et religieuses, se trouvoit aussi dans de déplorables circonstances.

Aujourd'hui, les dogmes religieux n'arment point les citoyens, la politique seule les divise : les armes de la presse sont moins dangereuses que les armes blanches et les armes à feu. Un gouvernement représentatif qui remplit ses devoirs, n'a rien à redouter de la part des écrivains.

Aujourd'hui, on ne combat qu'avec la plume; il en résulte, à la vérité, la confusion des langues dans la nouvelle tour de Babel élevée par nos dissensions sur le sol de la patrie ; il serait facile de s'entendre, si le gouvernement et tous les sujets du roi *parlaient français*.

Aujourd'hui, les circonstances sont moins critiques que celles du seizième siècle ; on peut donc, dans des circonstances moins graves, émettre des opinions publiées dans des circonstances plus graves. Au seizième siècle on connoissait la valeur du mot *circonstances* ; aujourd'hui ce mot est vide de sens dans la bouche des dépositaires du pouvoir.

Forcée de renoncer à sa maxime usée, ne produisant aucun effet avec ses *circonstances*, l'autorité implorera l'appui de la puissance. Cette magicienne sans magie ne se rebutera pas, elle se retranchera derrière la table que couvre la loi de novembre ; elle retrouvera sa force arbitraire dans les provocations indirectes à l'aide desquelles l'autorité judiciaire prononce ses foudroyans oracles.

L'autorité me jugera-t-elle sur l'intention, si je fais imprimer mon sermon ? non, mes frères, il est reconnu en fait, que l'autorité judiciaire, ou administrative, juge les phrases isolées, et non l'intention. Vainement vous publieriez une brochure pour donner au gouvernement de salutaires avis, pour lui découvrir le précipice dans lequel il serait prêt à s'engloutir : on ne prendrait point l'intention en considération ; vous seriez accusés d'avoir répandu des nouvelles alarmantes. Pour être moral, sage et religieux, il faut aujourd'hui ne pas faire à autrui ce qu'on voudrait qu'il nous fît.

L'intention manifestée publiquement par messieurs de la police et par messieurs de la police correctionnelle, de ne point juger les écrivains sur l'intention, étant proclamée par les réquisitoires et par les jugemens, pièces authentiques qui renferment la *preuve légale* de la vérité de mon assertion (qui par conséquent ne peut être réputée calomnieuse), l'autorité, en me jugeant sur l'intention, serait en contradiction évidente avec elle-même, avec les réquisitoires et les jugemens, avec les principes politiques qui, établis judiciairement, sont la règle écrite des écrivains, en attendant une loi sur la presse, attendue depuis trois ans.

Or, les provocations indirectes ne pouvant dériver que de l'intention, les juges s'abstenant de juger sur l'intention, mon sermon et mes citations étant hors de l'atteinte des tribunaux, se trouvent à l'abri des poursuites correctionnelles et criminelles. S'il en était autrement, la loi de novembre ferait exception à la jurisprudence des tribunaux, ou la jurisprudence des tribunaux formerait un code de lois d'exception à la loi de novembre qui excepte de la Charte l'article 8, qui excepte les provocations indirectes de la loi sur la répression des abus, que nous attendons avec impatience, pour savoir comment et en quoi on abuse de la liberté de la presse, et comment on provoque indirectement.

La loi de novembre définit *indéfiniment* les cas de culpabilité dans lesquels peuvent tomber innocemment un orateur dans les lieux publics, et un écrivain dans ses écrits; elle garde le silence le plus absolu, le plus perfide, sur ce qu'il est permis ou défendu de dire et de publier.

Vous comprenez, mes frères, que je ne dois à messieurs de la police et de la justice aucun compte de mon intention; mais n'ayant toujours eu, en publiant mes opinions et ma pensée par la voie orale ou par la voie de la presse, que de bonnes intentions, je me fais un devoir de vous donner un petit aperçu de mes intentions, dussé-je être accusé de m'écarter de la jurisprudence mobile, variable et prescriptible, de nos juridictions politiques.

Une loi sur la presse sera soumise incessamment à votre délibération ; excusez ma témérité si j'ai la prétention de vous aider de mes conseils. Les écrivains s'égarent dans le labyrinthe que l'article 8 de la Charte leur permet de parcourir sans guides : c'est à vous qu'il appartient de leur éviter les piéges, les embûches que renferme notre législation rendue vicieuse et confuse, avec ou sans intention.

Le gouvernement, au lieu de nous faire savoir par l'organe des tribunaux, que nous n'avons pas la faculté de traiter tel ou tel sujet, d'écrire sur telle nature, en nous disant vous êtes condamnable et nous vous condamnons, (conduite tout-à-fait inconstitutionnelle,) le gouvernement, dis-je, aurait atteint un but moral, en publiant une petite notice en forme d'avertissement pour les écrivains, en leur faisant connaître d'avance, par un programme, l'ordre et la marche de la police correctionnelle, en publiant le prospectus des principes sur lesquels elle établira désormais ses réquisitoires et ses jugemens, afin d'éviter les condamnations.

Cette notice, ce programme, ce prospectus, n'ont point été insérés dans le journal officiel de la librairie, ni dans le bulletin des lois. Dans l'intérêt des écrivains, j'ai pris des renseignemens précis ; on m'a répondu : Si le programme et le prospectus ne sont pas insérés, c'est qu'ils ne devoient pas l'être ; réponse très-satisfaisante dont il m'a fallu me contenter. (1)

La notice, le programme, le prospectus, ne sont connus que des ministres et de messieurs de la police correctionnelle. Les tribunaux sont en contradiction avec eux-mêmes ; leur législation politique est mobile, parce qu'ils n'ont point devant les yeux la règle

---

(1) Un grand nombre d'ordonnances n'ont point été insérées au Bulletin des Lois, (entr'autres celle qui réduit les traitemens des légionnaires,) si vous en demandez la raison dans les ministères, on vous répond : « C'est que cette ordonnance ne devoit pas y être. » Par conséquent, les administrés ignorent que des dispositions administratives auxquelles ils doivent se conformer, ont été promulguées. (J'affirme ce fait pour l'ordonnance ci-dessus citée.)

écrite. Ils proclamèrent qu'attaquer les ministres, c'est attaquer le Roi; plus tard ils adoptèrent un principe contraire, puis l'abandonnèrent de nouveau. Ils prétendent aujourd'hui, que le Roi n'est autre chose que le gouvernement; que les magistrats, étant nommés par le Roi, représentent le Roi; qu'attaquer les magistrats, les ministres, le gouvernement, c'est injurier la personne inviolable et sacrée du souverain; qu'enfin un avocat du Roi est un petit Roi; de sorte que les écrivains ne pouvant attaquer les magistrats, les ministres, le gouvernement, le monarque, se trouveront forcés de publier leurs opinions, leur pensée, en énigmes, en charades et en logogryphes. Les tribunaux, sans s'en apercevoir, tombent dans les cas prévus par la loi de novembre, en supposant assez peu de discernement au Roi, pour avoir inséré dans la Charte un article 8, qui n'aurait d'autre objet que la publication des fariboles, des rebus, des hiéroglyphes. Je n'affirmerais pas que l'autorité ne trouvât *ad libitum*, et selon son bon plaisir, des provocations indirectes dans le sens caché des énigmes, des charades et des logogryphes, puisqu'on en trouve dans les caricatures et dans la gravure de l'Enfant du régiment, dont le mélodrame eut une longue série de représentations sur un théâtre des boulevards.

On nous dira peut-être : Prenez pour sujet l'histoire naturelle, la physique, la chimie, l'astronomie, les mathématiques? — Nous ne sommes point naturalistes, physiciens, chimistes, astronomes, mathématiciens. — Ecrivez sur la grammaire? — Eh bien! répliqueront quelques écrivains, nous ne sommes point grammairiens. — Publiez des brochures sur les finances? — Bon! mais si nous voulons présenter un système financier, en déplorant la triste situation de notre fisc, nous serons accusés de répandre des nouvelles alarmantes, on interprétera nos calculs, on donnera aux chiffres la valeur des mots, on trouvera dans une soustraction un sens synonyme de *provocations indirectes*.

La presse fut inventée vers le milieu du quinzième siècle; c'est pour cette raison que les capitulaires de Charlemagne et les établissemens de Saint-Louis ne font point mention de la liberté de la presse. Le droit de publier ses opinions est la propriété imprescriptible d'un peuple libre : en supposant même que la Charte ne l'eût point consacré, les Français pourroient en revendiquer la possession, cette propriété étant de la nature et de l'essence du gouvernement représentatif.

La liberté de la presse n'est pas reconnue par les lois, pour que les citoyens traitent librement des matières que l'on pourrait traiter dans tous les temps, dans tous les pays. Allez à Constantinople, faites imprimer dans le faubourg de Péra des hymnes à Mahomet, des odes au Sultan; louangez le grand muphti et le grand visir; adressez des madrigaux à la sultane favorite; comparez le grand turc au soleil, ses enfans aux étoiles, sa Roxelane à la lune, son empire au firmament, les chrétiens à des chiens; répandez dans vos écrits tous les parfums de l'orient, vous jouirez sur les bords du Bosphore, sous les baïonnettes des janissaires, près du cimeterre de l'Aga, d'une entière liberté de la presse; vous ne serez point décorés du petit cordon, étranglés, empalés, ou renfermés dans les Dardanelles: les ministres vous feront de grandes politesses, vous serez accablés d'une pluie de grâces et de faveurs; vous ferez à bon marché une ample moisson de cachemires et d'ekmeleks; on vous dira: Chien de Chrétien, voilà ce que te valent ton ministérialisme et ton sultanisme.

L'exercice du droit de publier sa pensée et ses opinions ne consiste pas à faire des odes et des madrigaux, à traiter des matières analogues aux sciences physiques et naturelles. Il serait inutile de créer une loi fondamentale qui permettrait de publier, sous une monarchie constitutionnelle, ce qui est permis sous des monarchies absolues et sous le despotisme.

L'article 8 de la Charte ne confère pas le droit d'écrire, mais il doit être considéré comme « étendant ce droit aux matières politiques. »

Tout citoyen, membre d'un corps social régi par le système représentatif, a le droit de publier ses opinions, pour consolider le gouvernement et l'ordre établi ; il contribue au bien-être de la société; il marche alors vers le but que doivent atteindre les gouvernemens institués dans l'intérêt des peuples, et non pas dans l'intérêt des souverains.

Le droit de publier les opinions serait nul si les citoyens étoient forcés de faire l'éloge des magistrats, des ministres, du gouvernement. Lorsque les peuples libres n'ont aucun sujet de se plaindre, dès-lors cesse l'exercice du droit politique ; il est inutile de louanger un état de choses bien établi, et de vanter un gouvernement qui, en s'occupant du bien public, remplit ses devoirs : la satisfaction générale, la prospérité publique seraient en opposition avec les déclamations des contempteurs ; les brochures, les pamphlets resteroient chez les libraires ; l'opinion ferait justice de la témérité des pamphlétaires qui oseraient critiquer une administration, un gouvernement et des institutions dont les citoyens seraient satisfaits.

Or, mes frères, en publiant les idées libérales du seizième siècle, mon intention est louable : j'ai voulu présenter un modèle, offrir la règle écrite de ce qui doit être permis ou défendu. Je vous conseille d'intercaler dans la nouvelle loi sur la presse (si l'on ne vous conteste pas cette année le droit d'amendement), un article ainsi rédigé : « Il est permis aux citoyens de publier, comme au 16e. siècle, leurs opinions et leur pensée; » ou bien, dans le cas contraire : « Tous les citoyens, conformément à l'art. 8 de la Charte, pourront publier leur pensée et leurs opinions, pourvu qu'ils ne pensent et n'écrivent pas comme on pensait, comme on écrivait au seizième siècle. »

J'avoue que cette dernière rédaction présenterait un sens amphibologique, susceptible d'être interprété contradictoirement. Les auteurs demanderaient dans quel esprit la loi a été rendue ; quelle a été l'intention du législateur. Ne pourrait-on publier que les opinions des vilains de Clovis, de Charles Martel, de Hugues Capet, jusqu'au quinzième siècle inclusivement, ou les opinions des dix-septième, dix-huitième et dix-neuvième siècles ? Vous savez que les sens amphibologiques sont traduits par ces mots : *provocations indirectes*.

Vous, mes frères, qui jouissez de la liberté de nous transmettre, par les feuilles publiques, vos *oraisons*, vos *péroraisons*, vos *ordres du jour*, vos *questions préalables*, vos *appuyés*, vos *priorités* pour les articles des projets de loi, vos *rappels à l'ordre*, vos *écoutez*, vos *oui*, *oui*, vos *non*, *non* ; vous qui recevez l'insigne faveur de faire répéter aux journaux innocemment, impunément, sans crainte, sans danger, sans scandale, *des nouvelles alarmantes*, et ce qui constitue un délit dans les brochures ; donnez-moi votre avis avec franchise.

Vous me répondrez que ce qu'il était permis d'écrire autrefois doit être permis aujourd'hui pour ou contre la monarchie absolue, pour ou contre la liberté; vous ajouterez peut-être que ces *contre* sont les blessures de la lance d'Achille, et que les *pour* sont le baume qu'elle répandait pour opérer la guérison? Je serai encore de votre avis; je vous conseillerai donc de remettre en vigueur l'article 8 de la Charte, tombé en désuétude, qui, ne souffrant aucune exception en droit, est depuis trois ans excepté en fait.

Eh quoi! mes frères, vous hochez la tête ; ah! je vous devine, vous pensez à la répression des abus voulue par la Charte: nous sommes d'accord ; en s'expliquant de bonne foi il est facile de s'entendre.

En principe, pour réprimer un abus, il faut que l'abus existe, qu'il soit constant. Avant de vous occuper de la répression des abus de la liberté, il sera bon que vous nous fassiez connaître cette liberté dont on peut abuser ; mais pour établir la ligne de démarcation entre les limites de la liberté, et l'abus, qui n'est autre chose que la licence, exprimez par un article dans votre loi, *qu'il sera permis d'écrire comme on écrivait au seizième siècle*. En principe, tout ce qui n'est pas défendu doit être permis.

Cet article renfermera spécialement la règle des écrivains et la règle des juges. Vos lois ont présenté jusqu'à ce jour le déficit d'un article indispensable; vous ne vous en êtes point aperçus, tant il est vrai que vous êtes habitués à tolérer les déficits.

Lorsqu'un auteur recevra la notification de la saisie de sa brochure, il se procurera quelques-uns de ces antiques bouquins parvenus jusqu'à nous au milieu des guerres politiques et religieuses; les tribunaux ajouteront quelques bouquins à leur bibliothèque; messieurs les avocats du Roi citeront les passages de la brochure réputés séditieux; l'auteur, plaidant lui-même sa cause, bornera sa défense à l'exhibition de son bouquin; il opposera au réquisitoire les preuves matérielles de son innocence, en prouvant que ledit bouquin renferme les doctrines, les vérités, les réflexions publiées dans sa brochure. Il se justifiera d'autant plus victorieusement que le délit résulte de la violation d'une loi ; le délit n'existant pas, l'auteur ne pourra être réputé coupable.

Vous vous convaincrez de l'excellence de ce conseil que je vous prie de transmettre aux excellences. Si vous comparez mes citations du seizième siècle avec les écrits condamnés en 1818 ; vous regretterez de n'avoir point proposé d'introduire par amendement cet article dans votre loi de 1817, adoptée à l'étonnante majorité de *onze* voix, au nombre desquelles se trouvent indubitablement celles de deux excellences, de deux sous-excellences, de deux commissaires du Roi, de trois directeurs-généraux, et d'un grand nombre d'autres *sous-sous-excellences.*

Je ne serais point étonné en apprenant que la chambre des pairs aurait rejeté cette loi, que l'on vous présentait comme *complète*, en s'apercevant qu'il y manquait un *je ne sais quoi*, pour compléter la loi complète. Eh bien, ce *je ne sais quoi*, c'est ce que vous savez maintenant.

Au seizième siècle, les sujets ne pouvoient s'ingérer dans les affaires de l'Etat et s'occuper de l'examen des institutions sociales, les citoyens n'étaient que des vilains : cet heureux temps n'est plus ; nous ne reconnoissons point le bon plaisir du prince, nous ne voyons en lui que l'administrateur suprême de la chose publique ; il est le premier sujet des lois ; les vilains sont morts, leurs neveux sont devenus des citoyens.

Au seizième siècle, la liberté était inconnue ; la licence étant l'abus de la liberté, donc la liberté ne pouvait être poussée jusques à la licence ; cependant un *je ne sais quoi* permettait aux vilains de publier librement leurs opinions, leur pensée : notre auteur de 1574 étoit du nombre de ces vilains.

Eh bien, mes frères, la nation me charge de vous exprimer les vœux du peuple : le peuple consent à la radiation de l'article 8 de la Charte ; il renonce pour toujours à la liberté de la presse, au droit imprescriptible de publier ses opinions et sa pensée ; il échangera volontiers ce droit contre la faculté d'écrire *ad vitam æternam*, comme on écrivait au temps de Charles IX et de Henri III. Il existait alors un *je ne sais quoi*, perdu depuis 250 ans ; c'est ce *je ne sais quoi* que nous désirons ardemment retrouver, c'est ce *je ne sais quoi*, que vous cherchez depuis trois ans : nommez-le faculté, permission, liberté ou droit, peu nous importe. Faites jouir des citoyens, des Français, de ce *je ne sais quoi* que possédaient des vilains, le peuple n'en demandera pas davantage; *vox populi*, *vox dei*; obéissez à la voix de Dieu : *Fidelia omnia mandata ejus : confirmata in sæculum sæculi*, *facta in veritate et æquitate* (1). Voici mon premier point.

(1) Psaume 110, 8.

SECONDE PARTIE.

Je me suis étendu sur la liberté de la presse, il me reste encore à dire beaucoup de choses; quelques pairs, quelques députés, pendant la dernière session, regardoient cette matière comme épuisée par les longues et lumineuses discussions dont l'écho politique a fait retentir les salles des deux Chambres en 1816 et 1817.

Dans cette riche mine, j'ai découvert de nouvelles cavités qui renferment de précieux matériaux. Les tribunaux, cette année, semblent avoir entrepris la tâche de creuser, d'exploiter cette mine; ils ont rendu inépuisables ces matières avec lesquelles vous pourrez construire plus solidement l'édifice de nos libertés.

Pardonnez-moi ma franchise : je vous aime extrêmement, mes frères, mais avant tout je suis Français. Vos lois sur la presse ne valaient rien, absolument rien; elles n'évitaient et n'évitent point encore aux écrivains les piéges qu'on leur tendait, en leur présentant la tentation, les piéges dans lesquels ils sont tombés innocemment : j'en rends grâce à votre insouciance, à votre imprévoyance, à la facilité avec laquelle vous délibérez sur les projets de loi que l'on vous propose, aux idées inexactes que vous avez sur le droit d'amendement, droit inviolable et sacré de la représentation nationale, droit que vous vous laissez ravir en méconnaissant les vœux du peuple.

Je ne m'appesantirai point sur la terrible loi de novembre, si mal conçue, si mal comprise, si mal appliquée, supplément du Code pénal : messieurs de la police l'ont considérée avec une bonhomie qui inspire de la pitié, comme une loi sur la presse.

La Chambre des députés ne peut éviter qu'on lui attribue la maternité de la loi de 1817, qui n'était pas naturelle, quoiqu'illégitime. Les pairs de France ont refusé d'apposer le cachet de leur paternelle sanction sur cette loi qui, manquant de pères et de parrains, n'a pu trouver son existence politique, selon l'axiôme de nos jurisconsultes, beaucoup mieux connu des juges que les axiômes de droit public, *pater est ille quem justæ nuptiæ demonstrant.* Heureusement, les pairs n'ont point fait alliance avec la Chambre des députés, et grâces à leur zèle, cette loi complète, cette loi définitive qui devait vivre long-temps, ce fruit adultérin de la légimanie et du ministérialisme, n'a point été légitimée par le gouvernement légitime qui, proscrivant l'illégitimité, ne tolère, ne reconnaît que le constitutionalisme bâtard, lorsque les vœux du peuple appellent le constitutionalisme légitime.

L'article 16, le plus important des vingt-six articles de la loi, devait seul constituer une loi sur la presse; voici sa teneur: « Les questions résultantes de l'acte d'accusation et des débats seront conçues en ces termes: 1°. l'écrit imprimé présente-t-il *tel ou tel caractère avéré* exprimé dans le résumé de l'acte d'accusation, avec toutes les circonstances qui y sont comprises? 2°. l'accusé est-il coupable pour avoir composé, traduit ou publié cet écrit, ou pour l'avoir imprimé, ou pour l'avoir vendu ou distribué? »

Vous abandonniez à la sagacité de messieurs de la police correctionnelle la plus grande partie de vos attributions; dans l'enfance de notre système représentatif, vous mettiez ces messieurs dans la nécessité de s'ériger en petits législateurs, en leur confiant le soin de désigner le *tel ou tel caractère* que renfermerait l'ouvrage déféré aux tribunaux ; ce tel ou tel caractère que vous n'avez pu définir, que messieurs de la police correctionnelle n'ont pas plus que moi le droit de spécifier comme règle ayant force de loi, n'est autre chose que l'un de ces *je ne sais quoi* dont je vous ai parlé.

Selon moi, l'article 16 devait être conçu ainsi : « L'auteur, en publiant son ouvrage, a-t-il violé la loi qui prescrit ce qui est permis, ce qui est défendu ? » Or, le gouvernement, l'autorité judiciaire, les écrivains, ignorent ce qui est défendu ou permis. En l'absence de la règle écrite, l'état actuel de notre législation ouvre un vaste champ à l'arbitraire ; aucun écrivain ne peut se flatter de se soustraire aux persécutions qu'il plaira à la puissance de diriger contre lui.

L'autorité, par l'organe des tribunaux, peut défendre aujourd'hui ce qu'elle permettait hier ; les auteurs n'étant point prévenus du changement des systèmes qui devraient être invariables, ne peuvent éviter la saisie, la mise en jugement, la condamnation et l'emprisonnement.

Les écrivains ne trouvant dans nos lois existantes aucune règle écrite, devaient-ils consulter messieurs les juges avant de publier leurs brochures ? Messieurs les juges ne sont pas plus instruits que les écrivains, grâce à vous, mes frères, qui n'avez pu nous donner une bonne loi en trois ans.

Ce sont les réquisitoires qui renferment la règle écrite. Le réquisitoire étant prononcé après la saisie, la saisie n'ayant lieu qu'après le dépôt, le dépôt étant précédé de l'impression, les auteurs, en composant leurs écrits, ne peuvent savoir ce qu'il sera permis ou défendu de publier, quelles sont les matières qu'il leur sera loisible de traiter, que le jour de leur comparution devant le tribunal ; les condamnations sont donc illégales, puisqu'il n'y a point eu, de la part de l'écrivain, violation de la loi (exprimée par le réquisitoire) avec ou sans préméditation.

Messieurs de la police correctionnelle sont donc les législateurs de la presse : ils réunissent à-la-fois le pouvoir législatif et le pouvoir exécutif; pour juger, ils ont un mandat du souverain ; mais pour s'ingérer dans la création des lois ils sont des apôtres sans mission ; le peuple ne les a point constitués pour flageller ces pauvres écrivains qui défendent les droits du peuple, et qui ne sont pas plus révolutionnaires que messieurs les juges et messieurs les avocats du roi. Lorsqu'ils requéraient contre moi l'application des articles 5, 8 et 10 de la loi de novembre, ces messieurs ne se doutaient pas que je requerrais contr'eux l'application de l'article 127 du Code pénal exprimé en ces termes : « Tout juge, procureur-général, ou procureur du roi, substitut, tout officier de police qui se seront immiscés dans l'exercice du pouvoir législatifs, etc. »

Le tribunal crée la loi au moment même où le président prononce le jugement, les débats ne sont autre chose que la discussion de la loi ; en publiant telle ou telle doctrine, telle ou telle réflexion, l'auteur affirme qu'il n'est pas séditieux, qu'il use d'une sage liberté. M. l'avocat du roi, rapporteur de la commission du gouvernement, sans s'appuyer d'aucune loi, sans en démontrer la violation, assure que l'auteur n'avait pas le droit d'écrire dans ce sens et en ces termes. Il ajoute que l'ouvrage saisi présente le tel ou tel caractère que ne définissait pas votre loi complète de 1817. Après avoir entendu l'orateur du roi et l'orateur de l'écrivain, le président du tribunal, petite assemblée législative, met aux voix. La voix de l'auteur forme la minorité, celles de cinq à six juges décident comme majorité : il en résulte une loi exprimée par le jugement, de sorte que les juges créent le délit et la culpabilité ; en prenant dans leur tête la règle variable, ils condamnent d'après leur opinion, qui ne fait pas autorité : c'est ainsi qu'agissent les cadis de l'empire ottoman ; c'est ainsi que les conventionnels jugèrent l'infortuné Louis XVI, condamné sans avoir été entendu, quoique défendu par l'illustre Malesherbes.

Aucune loi ne donne raison aux juges, aucune loi ne donne tort aux écrivains. En l'absence de la loi, le tribunal a recours au libre arbitre ; la règle écrite est représentée par la maxime de la fable du *Loup et l'Agneau*,

La raison du plus fort est toujours la meilleure.

Notre législation de la presse est tellement confuse, tellement absurde, que les tribunaux ne s'entendent pas eux-mêmes. Le tribunal de Lyon prononça l'anathème contre un écrivain, auteur d'une brochure réputée séditieuse. La cour royale de la même ville tempéra cette fureur judiciaire ; elle déclara que l'ouvrage n'était pas *séditieux*, mais *calomnieux* : la calomnie et la sédition se reconnaissent cependant par des signes caractéristiques.

Le tribunal correctionnel du Mans condamna un ouvrage sur des passages isolés ; la cour royale d'Angers annula le jugement, et décida qu'il n'y avait pas lieu à poursuivre l'auteur et l'ouvrage, attendu que l'on ne devait juger que l'intention et le but.

Messieurs de la police correctionnelle de Paris, et la cour royale de la Seine, sont continuellement en contradiction avec les cours de Lyon et d'Angers. Les jugemens ne sont donc point établis sur des bases invariables prises dans la règle écrite. L'opinion des juges fait loi. Chez un peuple sage et libre, la loi n'est que l'expression de la volonté générale.

La révolution a détruit nos anciennes coutumes judiciaires en matière de droit civil, mais bientôt elles seront remplacées par les nouvelles coutumes de droit public : on dira, coutume d'Angers, coutume de Lyon, coutume de Paris, coutume de Rennes ; chaque département aura son droit coutumier. Lorsque le système des provocations indirectes et des interprétations enverra un écrivain dans les prisons, on dira : « Tel auteur a été jugé et incarcéré selon la coutume de Paris ; ou bien, il a été mis en liberté, ou déchargé de l'accusation, selon la coutume d'Angers ; tel auteur, accusé de *sédition*, a été condamné comme *calomniateur*, selon la coutume de Lyon ; on a traduit en jugement et condamné à Perpignan, à Brest, à Strasbourg, à Douay, à la Martinique et à Cayenne, un écrit calomnieux publié à Paris, par un écrivain parisien..., selon la coutume de Rennes. »

Les avocats du Roi professent des principes tout-à-fait contradictoires. L'un nous disait, en 1817, que : *la liberté de la presse emporte le droit de faire imprimer ses opinions sur toutes* SORTES DE MATIÈRES, *de discuter et examiner tous les actes du gouvernement*, SANS EXCEPTION. Son successeur, en 1818, ne veut pas que l'on examine les actes du gouvernement, et que l'on fasse imprimer ses opinions sur *toutes sortes de matières*. Les tribunaux confirment la sentence, en nous enlevant la liberté de la presse.

Un avocat du Roi prétendait, en 1817, que

l'on pouvait *discuter, examiner les lois, réglemens, ordonnances signeés par le Roi, et contresignées par un ministre.* Quelques coryphées de la puissance, d'après l'invitation de plusieurs excellences, ont rappelé à l'ordre un député qui réclamoit les bannis. Ce rappel à l'ordre fut motivé sur ce que le député se permettoit de *censurer*, *de discuter une ordonnance signée du Roi*, *CONTRESIGNÉE par un ministre*, (responsable sous le système représentatif).

Ainsi les avocats du Roi, les tribunaux, les ministres, les ministériels souvent se contredisent. Les délits sont donc douteux ; les tribunaux devraient avoir sans cesse présente à la pensée cette maxime judiciaire si connue : *dans le doute*, *abstiens-toi*. Mais, hélas ! messieurs de la police correctionnelle ne veulent pas s'abstenir... Nouveaux Perrins-Dandins, il leur faut des procès politiques, M. le grand correcteur veut du scandale.

Mais si les tribunaux, les ministres, les avocats du Roi parlent une langue étrangère, comment se feront-ils comprendre des écrivains ? Les enverront-ils en prison pour se faire mieux entendre ? leur voix serait étouffée par le bruit des grilles et des verroux; ils parleront donc le langage des signes? singulière manière d'enseigner le nouveau dialecte politique, étrange école d'enseignement mutuel! Mais les signes que les écrivains feront du fond de leur prison seront, par *interprétation*, considérés comme menaces; on les traduira de nouveau en jugement, on leur appliquera les articles 223, 224 du code pénal: que faire? faut-il se noyer ou se pendre? mais si vous vous noyez, si vous vous pendez, le curé de la paroisse refusera de vous inhumer en terre sainte. Durant votre vie vous étiez traité comme un séditieux, après votre mort vous serez traité comme un chien.... Que faire?

Remarquez, mes très-chers frères, que les écrivains cités devant la haute cour de justice politique ont été atteints et non convaincus d'être tombés dans les trois cas prévus par la loi de novembre. La plupart étoient coupables au même degré. Pourquoi les uns ont-ils été condamnés à trois mois de prison à 50 francs d'amende; d'autres à 6 mois à 500 ou 1000 francs; d'autres, enfin, à un an à 3 ou 4000 francs d'amende? Pourquoi des écrivains accusés d'avoir injurié *directement* le Roi, ont-ils été plus épargnés que ceux accusés d'avoir injurié *indirectement* le monarque? pourquoi cette disproportion de trois mois à un an dans l'application des peines, et de 50 à 4000 francs dans la fixation des amendes? Quel tort pécuniaire les auteurs ont-ils fait au gouvernement? ils ne sont chargés d'aucune comptabilité; mais la Charte les autorise à surveiller la comptabilité des comptables, et à vérifier les budjets des ministères.

La caisse particulière des auteurs éprouve un déficit produit par les frais de la plaidoirie, de l'expédition des pièces, et de l'amende déposée pour le pourvoi en cassation; l'on voudrait augmenter ces déficits par des amendes de 50 à 4000 francs. Si les auteurs n'étaient pas d'une probité à toute épreuve, de pareils jugemens les forceroient à voler pour payer l'amende.

Il serait plaisant de voir reparaître devant messieurs de la police correctionnelle un écrivain qui dirait : « Je comparus naguères devant vous comme séditieux; aujourd'hui vous m'accusez d'avoir escroqué 3000 francs, je le confesse, je suis coupable; j'avoue avec la même franchise que je ne le serais pas, si vous ne m'aviez présenté la tentation; je n'ai volé le prochain que pour acquitter la dette que vous m'avez fait contracter *malgré moi* ; je ne voulais pas être le débiteur de dame Justice, dame Justice s'est déclarée ma créancière, je ne sais pourquoi : je n'ai reçu que les étrivières en échange de l'engagement que vous m'avez fait contracter : proverbialement. Hélas ! les battus paieront-ils toujours l'amende ?

» Les écrivains ne dilapident pas les deniers publics ; ils ne sont point concussionnaires en essayant de constitutionaliser le gouvernement, en démontrant les vices de notre ruineux système des finances ; en recommandant une sage et profitable économie, en invitant à faire rentrer dans les caisses toutes les valeurs qui s'en trouvent écartées *indirectement*, en recommandant aux excellences de ne point enfler leurs budjets chaque année, au-delà de la somme fixée par la loi financière, sous peine de suspicion...

» Eh ! Messieurs, ajouterait l'auteur, si je n'avais pas soustrait au prochain 3000 francs, comment aurais-je rassasié l'appétit fiscal de dame Justice ? si j'avais été chercher 150 napoléons à l'île Sainte-Hélène, à mon arrivée on m'eût enveloppé dans un supposé complot ; j'étais séditieux, je serais aujourd'hui conspirateur. Avouez, messieurs, que vous m'avez placé dans une terrible et pénible situation ? il me fallait, pour vous complaire, opter entre la douleur de passer pour conspirateur, et la honte de passer pour le voleur d'une somme dont je n'ai retiré aucun profit, puisque de la caisse du prochain je l'ai fait passer dans la caisse judiciaire.

» Des auteurs qui logent au sixième étage pour recevoir du ciel la secrète influence, ne peuvent emprunter à leurs voisins. Si vous ignorez ces particularités, assistez aux représentations des comédies de Molière : vous apprendrez, dans le temple de Thalie, ce que devraient savoir les grands prêtres de Thémis. »

Ces condamnations pécuniaires sont d'autant plus immorales que les prévenus, après la condamnation et le prononcé du jugement, ne sont encore que des *prévenus*; le délit immatériel n'étant jamais prouvé, par conséquent la justice a cessé d'être juste.

Vous parlerai-je des cautionnemens de bonne conduite exigés par la fiscalité judiciaire, cautionnemens qui, ainsi que les amendes, sont dans la même catégorie que les fameux emprunts forcés du régime de la terreur? Le gouvernement aurait-il chargé la police correctionnelle de tramer une conspiration fiscale contre le trésor particulier des écrivains, pour garnir le trésor public, pour restaurer nos finances? que deviendrait l'article de la Charte qui consacre l'égale répartition des impôts?

Un auteur pourrait vous dire : « Vous exigez de moi un cautionnement de bonne conduite, m'en garantissez-vous le remboursement à l'époque fixe? Pourquoi me demandez-vous cette garantie lorsque vous me mettez sous la surveillance de la haute-police? Jamais, comme fonctionnaire, je n'ai joué tous les rôles sous tous les gouvernemens; je n'ai point porté le bonnet rouge, encensé le gouvernement impérial, et prêché en 1815 la nécessité de remplacer le nouveau régime par l'ancien; je n'ai point été député et vendu ma voix, ma conscience, pour de l'or et des places; je n'ai point été magistrat et ne me suis point avili; ma conduite privée est la même que ma conduite politique; je ne crains aucun reproche; je ne fus jamais girouette; je n'assistai à aucuns conciliabules; je ne figurai point dans les tripots, ni dans les lieux suspects : que diriez-vous, messieurs mes juges, si je vous attaquais en calomnie devant le conseil-d'état, pour me faire autoriser à vous demander le cautionnement de la bonne conduite que vous devez observer à mon égard? »

Je ne conseillerais pas à l'auteur de se plaindre : le conseil-d'état donne raison aux fonctionnaires, aux magistrats.

La raison du plus fort est toujours la meilleure.

Heureux le temps, ô mon pays! où, placé sous l'empire de l'impartiale justice, tu pourras donner un démenti au proverbe!

Dites-moi, mes frères, pourquoi messieurs de la police correctionnelle, chargés de prononcer sur le sort des prétendus séditieux, sont-ils si peu familiarisés avec les lois existantes sur la presse, si peu versés dans la connaissance de notre législation politique et de notre droit public?

M. le grand correcteur n'a point dissimulé dans ses réquisitoires les vices et la monstruosité de la loi de novembre; il a avoué qu'il regrettait que la loi de 1817, rejetée, n'ait point été adoptée pour remplacer la loi de novembre : ce savant magistrat ignore qu'il ignorait que cette loi n'eût point cessé d'exister; je le prouve :

L'article 26 de la loi de décembre 1817

est ainsi conçu : « La loi du 26 février 1817, relative aux écrits saisis, et toutes les dispositions des lois antérieures qui seraient contraires à la présente, sont et demeurent abrogées. » Vous êtes tombés, mes frères, dans les filets que l'on vous tendait : toutes les dispositions des lois antérieures, et celles de la loi de novembre (loi pénale), ne sont nullement contraires à la présente (loi de procédure). Si cette loi avait été adoptée par la pairie, et promulguée par la puissance exécutive, de vives contestations se seraient élevées devant les tribunaux : les auteurs auraient invoqué un article d'une loi existante ; messieurs les avocats du Roi, contestant la validité de cet article, auraient prétendu qu'il était contradictoire avec la nouvelle loi : les auteurs d'affirmer que les dispositions des anciennes dont ils réclamaient le bénéfice étaient exécutoires, l'effet des dispositions d'une loi non abrogée ne pouvant être détruit par une loi nouvelle. De cette confusion il serait résulté procès relatif à la sédition de l'ouvrage ; procès concernant l'application des lois ; intervention des tribunaux supérieurs pour juger la compétence des tribunaux de première instance ; révision forcée de la législation de la part du corps judiciaire; formation d'une troisième chambre législative composée de membres de ce corps; violation de la Charte qui ne reconnaît que deux sections de la législature. Votre loi de 1817, si sublime, si complète, aurait renversé la Charte, la législation, les tribunaux, la liberté de la presse. De là, bouleversement du gouvernement représentatif, du trône et de la dynastie; vous deveniez conspirateurs, sans le savoir. Tristes effets de la légimanie! Ah! mes frères, qu'alliez-vous faire dans cette maudite galère!

Pour éviter cette confusion, il suffisait de substituer à l'article 26 les articles des lois de germinal an 4, de 1810, 1811, 1814, 1815, 1817, non abrogées par la nouvelle, et non contradictoires avec ses dispositions. La loi de 1817 eût renfermé dans 40 ou 50 articles toute la législation *incomplète* de la presse. Cette loi n'en eût pas moins été détestable, parce qu'avec de mauvais matériaux on ne peut construire un solide édifice.

D'ailleurs, vous aviez oublié de poser sur ce frêle édifice le paratonnerre qui devait préserver les auteurs des coups de foudre de messieurs de la police correctionnelle. Je nomme paratonnerre, en style figuré, le jugement par jurés, et l'explication du tel ou tel caractère que doit offrir l'ouvrage séditieux.

Nos législateurs n'ont-ils pas créé des lois civiles et un code de procédure civile, des lois pénales et un code de procédure criminelle? La violation des lois civiles donne lieu à l'instruction civile, il en est de même pour les crimes et délits. Créez donc des lois politiques, un code de procédure de la presse, et même un petit code pénal, si tel est votre bon plaisir.

Vous m'observerez peut-être que notre législation actuelle sera améliorée par l'introduction du jury dans la juridiction? Remarquez qu'il n'existe point en France une unité d'opinions et de principes : nos nouvelles institutions sont peu méditées et mal comprises. Des citoyens instruits professent cette étrange doctrine, qu'un roi est infaillible; qu'il ne peut choisir que des hommes vertueux pour ministres; que l'infaillibilité du monarque doit rejaillir naturellement sur tous les fonctionnaires, puisqu'ils sont nommés sur la présentation des dépositaires du pouvoir. Ces opinions sont tout-à-fait discordantes avec nos lois fondamentales, avec la nature même du gouvernement représentatif.

Si la majorité du jury se compose des prosélytes de nos anciennes institutions, des réflexions libérales seront réputées condamnables, et l'auteur déclaré coupable. Si, au contraire, cette majorité est composée de libéraux, tout ouvrage inconstitutionnel, ou celui qui traitera de la monarchie absolue, sera réputé séditieux par le jury dominé par l'esprit de parti qui influencera incontestablement sur ses délibérations, inconvénient qu'il est sage d'éviter.

Le jury n'offrira donc pas aux auteurs toutes les garanties désirables; il est essentiel que la règle écrite soit mise sous les yeux des jurés, afin qu'ils puissent graduer le degré de culpabilité du prévenu, degré résultant d'une violation plus ou moins manifeste de la loi, violation d'où résulte le délit.

Des commissaires ont été envoyés en Angleterre pour étudier les lois anglaises et le mode d'instruction usité dans ce pays: le gouvernement aurait épargné au trésor les frais de voyage, s'il s'était pénétré de cette vérité, que l'on peut connaître à Paris la législation anglaise dans Delolhme, Middleton, Blakston et autres publicistes.

Les peuples anciens envoyèrent des sages à Athènes pour étudier les lois de Solon; ces peuples étaient moins civilisés que les Athéniens : nous valons bien les Anglais; dans la Grèce, la presse ne propageait pas les connaissances humaines, et les régnicoles quittaient leur patrie pour s'instruire dans les écoles de Pythagore, de Platon et des autres philosophes.

Notre jurisprudence fut introduite en Angleterre par Guillaume-le-Conquérant, qui fit présent aux Anglais de l'institution du jury : on sait que les jugemens étaient rendus en langue française. Le jury existait en France sous Charlemagne, qui avait établi le système représentatif dans ses états; les jurés, dans les Capitulaires, sont désignés par ces mots : *juratores idonei*, le président des assises se nommait *Justiciarius*.

L'état d'enfance dans lequel se trouve notre gouvernement représentatif, la divergence des opinions, l'esprit de parti qui divise le corps social, la diversité des principes établis, vous imposent l'impérieux devoir de ~~créer~~ un code politique dont la connaissance et l'examen éviteront à l'avenir les écarts de l'imagination, les effets des passions blessées et de l'amour-propre offensé.

Comment qualifierez - vous la conduite tenue par les tribunaux à l'égard des libraires? Pourquoi condamnent-ils les libraires, et font-ils comparaître l'imprimeur au mépris des lois existantes? Le libraire peut-il être considéré comme le complice d'un écrivain séditieux, lorsque l'auteur a déposé les cinq exemplaires exigés par la loi?

Pourquoi un libraire, cité devant un juge d'instruction comme distributeur d'un ouvrage déféré aux tribunaux après le dépôt, est-il déchargé de la plainte portée contre lui, puis mis en jugement et condamné en qualité de distributeur d'un autre écrit imprimé, lorsque les hommes, les lois, les choses, sont les mêmes à l'époque de la publication des deux ouvrages? Nommez-vous cela l'exercice du pouvoir discrétionnaire, ou l'exercice de l'arbitraire?

Pourquoi le distributeur d'un libelle reconnu scandaleux, renfermant des personnalités et des injures grossières envers le monarque, dont l'auteur et l'imprimeur sont inconnus, est-il condamné à cinq mois de prison et à une modique amende, lorsque, quelques mois après, un libraire, distributeur d'une brochure dont l'auteur et l'imprimeur ont rempli toutes les formalités prescrites par les lois de germinal en 4, d'octobre 1810, et d'octobre 1814, qui ne renferme aucunes personnalités, aucunes injures directes et même indirectes, est condamné à *un an* de prison, et à 5000 francs d'amende?

Pourquoi l'auteur d'une brochure a-t-il été condamné à *trois mois* de prison, et le libraire à *un an*? Le pouvoir discrétionnaire est-il accordé aux juges pour infliger à l'auteur du délit une moindre peine qu'au complice? Les tribunaux ont-ils le droit de calomnier un libraire, en prétendant qu'il soudoie un jeune auteur et l'excite à se faire le rédacteur d'une brochure commandée par le libraire? des juges pourraient-ils apporter la preuve légale de cette imputation calomnieuse? Les juges, dans ce cas, sont-ils forcés, par la nature de leurs fonctions, de *révéler* une fausseté, ou de *réprimer* un fait qui n'existe pas (1)?

---

(1) Deuxième paragraphe de l'art. 367: La présente disposition n'est point applicable aux faits dont la loi

Veuillez prêter votre attention aux réflexions que je vais soumettre à votre méditation : Un libraire (sur-tout un éditeur) se justifiera complètement devant des hommes justes, de l'accusation portée contre lui, en disant, j'ai fait examiner un manuscrit par des hommes de lettres, qui m'ont affirmé que je le pouvais faire imprimer ou le publier sans m'exposer à être inquiété; l'écrit imprimé a été publié, l'autorité l'a déféré aux tribunaux; l'erreur, dans le jugement porté sur l'ouvrage, a t-elle été commise par mes conseils, ou par l'autorité ? On m'a présenté des manuscrits : sur l'avis de mes conseils, j'ai refusé de faire imprimer et de publier ces écrits, je craignais qu'ils fussent saisis ; d'autres imprimeurs-libraires, ou éditeurs, ont publié ces mêmes écrits imprimés : la vente en a été prompte, ils n'ont point été saisis.... L'autorité a t-elle porté un faux jugement ? ces écrits ont-ils été mal jugés par mes conseils, par ces mêmes publicistes qui avaient considéré comme non séditieux, des ouvrages que la police a fait saisir chez moi?

---

autorise la publicité, ni à ceux que l'auteur de l'imputation était, par la nature de ses fonctions ou de ses devoirs, obligé de *révéler* ou de *réprimer*.

En prenant tant de précautions, suis-je coupable? dois-je voir ma fortune et ma liberté compromises par les aberrations judiciaires?

Que répondre à ces argumens péremptoires? Telle est cependant la position des libraires, qu'ils doivent renoncer à l'exercice de leur état, ou s'exposer à se voir condamner innocemment à l'amende, à la prison, comme complices d'un délit non spécifié, délit dont ils ne sont point complices; délit dont l'auteur n'est jamais convaincu. Je le repète, après le jugement, en supportant leur condamnation, les écrivains prévenus ne sont encore que des prévenus.

Pourquoi les auteurs de certains ouvrages saisis n'ont-ils pas été traduits devant les tribunaux? Pourquoi le grand correcteur des écrivains n'a-t-il pas lancé son réquisitoire en audience publique sur la brochure intitulée *Note secrète*, saisie chez les libraires? la loi n'est donc plus égale pour tous, soit qu'elle protége, soit qu'elle punisse. Un ouvrage saisi doit être condamné juridiquement, *ou remis en vente*, s'il n'y a pas lieu à poursuivre l'auteur et la brochure.

Pourquoi le ministère public *défend-il la vente* d'un ouvrage saisi, puis réputé non séditieux, lorsqu'un jugement prononcé publiquement ordonne la main-levée de la saisie?

Jugera-t-on une brochure sur l'intention, considérant le but et l'objet, ou se bornera-t-on à interprêter les phrases isolées? Un ouvrage composé de 200 à 400 pages, qui renfermerait deux ou trois phrases dites séditieuses, sera-t-il confisqué et supprimé? Vos lois jusqu'à ce jour n'ont pas prévu ce cas.

Permettez-moi, mes très-chers frères, de vous accabler de questions: les magistrats, les fonctionnaires publics de toutes classes, sans exception, pourront-ils être censurés dans les écrits, soit qu'ils exercent leurs fonctions dans un arrondissement, un canton, une commune, ou qu'ils soient placés près du trône?

Le corps judiciaire sera-t-il à l'abri des traits de la critique austère, lorsque les magistrats feront une fausse application de la loi, ou lorsqu'au lieu de l'appliquer ils la tortureront, l'interpréteront, pour la faire parler au gré de leurs passions, selon leurs intérêts particuliers, ou en agissant par influence?

Sera-t-il permis de démontrer l'irrégularité

des jugemens, sans manquer de respect à la chose jugée? Les juges sont-ils infaillibles, leurs décisions seront-elles saintes et sacrées, si les faits et l'expérience nous apprennent que des magistrats judiciaires n'ont point été insensibles aux séductions, qu'ils n'ont pu résister aux tentations qui offrent un attrait irrésistible aux passions inséparables de la nature humaine, lorsqu'une conscience pure, un caractère ferme, et le sentiment de l'importance de leurs devoirs ne maîtrisent point le penchant naturel qui les portait à prévariquer?

Interdira-t-on à des Français, à des hommes libres, le droit de critiquer les ordonnances préfectorales, sous-préfectorales et municipales, lorsque ces ordonnances renfermeront une violation manifeste des lois positives, politiques et civiles? Sera-t-on injurieux envers les fonctionnaires qui les auront rendues.

Sera-t-il défendu de poser en principe que le monarque ne pouvant *tout voir, tout savoir, tout entendre*, nomme les fonctionnaires en droit, et non pas en fait.

Appliquerait-on l'art. 5 de la loi de novembre à un écrivain qui inviterait le Roi à lui dire si S. M. est satisfaite des 86 individus placés à la tête des préfectures, des 300 personnes chargées de l'administration des sous-préfectures, et des 40 mille citoyens appelés aux fonctions de maire, qui tous, par une heureuse fiction, fruit de l'imagination de nos modernes docteurs, sont des êtres privilégiés, participant de l'infaillibilité du monarque, en vertu de la confiance du Roi ; confiance d'autant moins douteuse, que le chef de l'état n'a jamais ni vu ni connu pour la plupart ces 40,386 fonctionnaires ?

Sera-t-on séditieux, si l'on entre dans de longues dissertations pour détruire le faux principe de l'infaillibilité des souverains, en s'appuyant sur la décision du clergé de France, qui déclara, en 1683, que le Pape, vicaire de J.-C., le Roi des Rois, n'est infaillible qu'à la tête d'un grand concile œcuménique ?

Sera-t-on séditieux, si, en reconnaissant l'inviolabilité du souverain, consacrée par les constitutions de l'Etat, on affirme que cette inviolabilité ne couvre pas de son égide les ministres, qui nomment en fait les préfets, les préfets qui proposent les sous-préfets et les maires des grandes cités, et les sous-préfets, qui désignent les candidats pour les places de maires des petites villes, des bourgades et des villages?

Sera-t-on séditieux, si l'on repète avec un célèbre ecclésiastique : « L'onction sainte » répandue sur les Rois consacre leur ca- » ractère et ne sanctifie pas toujours leur » personne; l'étendue de leurs devoirs ré- » pond à celle de leur puissance. Le sceptre » est plutôt le titre de leurs soins et de leur » *servitude*, que de leur autorité : ils ne sont » rois que pour être les pères et les pasteurs » des peuples, ils ne sont pas nés pour eux » seuls (1). »

Sera-t-on séditieux si l'on pose en principe que les vertus, la sagesse, la science ne sont pas des apanages transmis aux princes par l'hérédité du trône? que leurs sentences ne sont pas des lois; que leurs opinions particulières ne sont pas des autorités? Pourra-t-on dire : « Ils s'imaginent avoir un ascendant » de raison comme de puissance; ils mettent » leurs opinions au même rang que leurs » personnes; ils sont bien aises, quand on a

---

(1) Massillon, évêque de Clermont. *Oraison funèbre de Louis XIV*.

» l'honneur de disputer avec eux, qu'on se
» souvienne qu'ils commandent à des lé-
» gions (1). »

Sera-t-on séditieux en publiant ces pensées :
« S'il y a des rois dans le monde, ce n'est
» pas pour donner aux peuples le vain spec-
» tacle d'une grandeur et d'une magnificence
» mondaines ; ce n'est pas pour recevoir
» comme des idoles l'encens et les vœux de
» leurs sujets dans une oisiveté superbe ; ce
» n'est pas pour entretenir leur orgueil ou
» leurs inquiétudes par l'ambition de tout
» avoir, ou par la science de tout faire.
» A Dieu ne plaise qu'un roi sage, qu'un roi
» chrétien, se propose des fins si peu rai-
» sonnables et si peu chrétiennes (2). »

Sera-t-il permis de s'introduire par la pensée dans l'antichambre, dans le cabinet, dans la chambre à coucher du monarque, d'y puiser des anecdotes, de les publier avec le secours de la presse, de dévoiler dans une chronique scandaleuse les aventures galantes

---

(1) Mascaron, évêque de Tulle. *Oraison funèbre d'Henriette d'Angleterre.*

(2) Fléchier, évêque de Nismes. *Panégyrique de Saint-Louis.*

d'un luxurieux Louis XIV ; de rendre compte des parties de chasse que ferait un nouveau Louis XV dans un Parc aux Cerfs ; de chanter, d'imprimer des Noëls sur la cour et la ville, qui renfermeraient la preuve évidente de la *faillibilité* des souverains ?

Ecoutez, mes frères, et vous saurez de quelle liberté on jouissait sous le règne du bon Henri : Henri IV choisit Pierre Mathieu pour écrire son histoire particulière, et lui donna le titre d'historiographe. Un jour, l'auteur lui lisait quelques pages de cette histoire, il parlait de son penchant pour les femmes : Pourquoi, dit le Roi, révéler ces faiblesses ? Mathieu lui fit sentir que ce serait une leçon pour le Dauphin. Henri réfléchit ; puis, après un moment de silence, il dit : « Oui, il faut dire *la vérité toute entière* : si on se taisait sur mes fautes, on ne croirait pas le reste ; eh bien, écrivez-les donc, afin que mon fils les évite. »

Henri IV ayant lu le livre de l'*Anti-Soldat*, demanda à Villeroi s'il le connaissait ? Sur sa réponse négative : Il faut, dit-il, que vous le voyiez, car c'est un livre qui parle bien à ma barette et encore mieux à la vôtre.

Lorsque les courtisans se déchainaient

contre l'auteur de *l'Isle des Hermaphrodites*, satire très-piquante de la cour de Henri III, où ils se trouvaient peints sous les couleurs les plus fidèles : Avez-vous compté, leur dit-il, que je molesterais un homme d'esprit pour vous avoir dit vos *vérités?*

En Chine, il fut toujours permis d'écrire sur une longue table placée dans le palais ce qu'on trouvait de répréhensible dans la conduite et dans les actes du gouvernement : cet usage fut mis en vigueur sous le règne de l'empereur Venti, deux siècles avant l'ère vulgaire. Si vous ne permettez pas aux citoyens français de faire ce que firent les vilains sous Charles IX, permettez-leur du moins d'imiter les Chinois.

La loi que vous délibérerez doit embrasser le présent et l'avenir. Sera-t-il permis, sous le règne d'un souverain mineur, âgé de un an à deux ans, de dire que le petit prince est méchant, qu'il mord sa nourrice, qu'il égratigne ou fait enrager sa gouvernante? Pourra-t-on le nommer marmot sans tenter, par des injures et des calomnies, d'affaiblir le respect dû à la personne d'un prince âgé de douze, dix-huit ou vingt-quatre mois, haut de douze, dix-huit ou vingt-quatre pouces ?

Répandra-t on des nouvelles alarmantes sur le maintien de l'autorité légitime, en publiant que le petit marmot a trop d'esprit pour son âge, et qu'il ne vivra pas? conséquence passée en proverbe, maxime que nous ont transmise nos bons aïeux, qui n'étaient pas séditieux.

Sera-t-il permis aux écrivains de manifester leurs pensées sur l'imperfection des lois constitutives, de présenter des moyens d'amélioration ou de perfectionnement, d'inviter les députés à consacrer le principe qu'une Charte peut être revisée, d'agiter les hautes questions de politique sur l'établissement du gouvernement représentatif? Les accusera-t-on d'exciter les citoyens à désobéir à la Charte?

Admettrez-vous comme loi positive, que la liberté de la presse, la sûreté des personnes, l'inviolabilité des propriétés, l'égalité de droits, la liberté individuelle, la liberté de conscience, ne sont que les droits des peuples? droits invariables, imprescriptibles, base fondamentale du grand édifice de la liberté publique, fondemens inébranlables sur lesquels sont établies la Charte française, la Charte anglaise, les constitutions des Pays-Bas, des Etats-Unis, du royaume de Bavière et du grand-duché de Bade; droits que la Charte ne nous a point conférés, puisqu'ils sont reconnus par nos constitutions de 1791, de l'an 4, de l'an 8 et de 1803, dans l'évangile, dans le décalogue, et dans le code moral du genre humain.

Sera-t-il défendu de se livrer à l'examen philosophique des institutions sociales, d'entrer dans des dissertations plus ou moins étendues sur les droits et les devoirs des rois, sur les droits et les devoirs des peuples?

Qu'entendez-vous par nouvelles alarmantes? les lois et les tribunaux ne nous ont donné aucune définition de ces sortes de nouvelles.

Répandroit-on des nouvelles alarmantes, si l'on disait avec l'archevêque de Cambray, en parlant du pouvoir absolu: « Cette puissance monstrueuse poussée jusqu'à un excès trop violent ne saurait durer; elle n'a aucune ressource dans le cœur des peuples, elle a lassé et irrité tous les corps de l'Etat, elle a contraint tous les membres de ces corps à soupirer après un changement; au premier coup qu'on lui porte, l'idole se renverse, se brise et est foulée aux pieds. » (1)

Interdira-t-on la faculté d'écrire l'histoire des peuples anciens et des peuples modernes, d'offrir au lecteur la nomenclature des causes qui ont contribué au renversement ou à l'agrandissement des trônes, à la destruction ou à la prospérité des empires? Si vous vous déclarez pour l'affirmative, veuillez nous donner un modèle, une règle de conduite, en faisant imprimer un petit traité sur l'art d'écrire l'histoire, supplémentaire de celui de l'abbé de Condillac, afin que les écrivains ne deviennent pas séditieux sans le vouloir et sans le savoir.

Pourra-t-on écrire l'histoire du temps présent, inviter les rois à se délivrer de l'esclavage dans lequel les retiendront les intrigans et les favoris, et attaquer de front les préjugés qui s'opposent au développement du bonheur public? Pourra-t-on écrire contre les favoris, les menins ou les menines d'un nouvel Henri III, sans répandre des nouvelles alarmantes?

---

(1) Fénélon, *Aventures de Télémaque*, (livre classique.)

Si vous avez connaissance indirectement d'une conspiration contre le trône, vous prendrez la plume pour en tracer, dans tous ses détails, le plan que le hasard ou l'imprudence d'un conspirateur vous aura dévoilé. Mais, hélas! on vous accusera d'avoir répandu des nouvelles alarmantes sur le maintien de l'autorité légitime; on vous accusera d'avoir dit que la chose doit avoir lieu; on vous appliquera par conséquent les articles 1, 2, 3, 4 de la loi de novembre : vous serez condamné à la déportation dans le Nouveau-Monde.

Effrayé par la terrible loi de novembre, garderez-vous le silence? La police, apprenant par ses alguazils que vous connaissiez le complot, s'assurera de votre personne; on vous accusera de n'avoir fait aucune révélation; vous serez réputé complice des conspirateurs : on vous condamnera à la déportation dans l'autre monde.

Dans l'état actuel de notre législation, un individu qui, par cas fortuit, serait instruit qu'il se trame un complot contre la majesté royale, serait un homme perdu pour toujours. Affreuse destinée! ô fatalité! pour éviter la loi de novembre, il faut donc malgré soi tomber sous le Code pénal : *Miserere nobis*

Deus secundùm magnam misericordiam tuam.

Nous privera-t-on du droit de critiquer une ordonnance revêtue du sceau royal, ou une loi élaborée dans le conseil des ministres, délibérée dans les deux chambres, lorsque l'expérience nous démontre que les lois, les ordonnances, sont successivement créées et abrogées; qu'à de mauvaises lois succèdent des lois moins mauvaises? Le gouvernement représentatif et ses institutions autorisent tous les citoyens à présenter leurs vues, leurs avis, pour appeler l'attention sur l'amélioration que les lois sont susceptibles de recevoir, les lois étant rendues dans l'intérêt général, but unique de leur promulgation. Comme les tribunaux, les avocats du roi, le pouvoir, les députés même ne sont pas d'accord sur la solution de cette importante question, depuis long-temps résolue par la raison et par la saine politique, veuillez éviter la prison aux auteurs qui ne veulent pas être séditieux.

Qu'entendez-vous par système ou gouvernement représentatif? quelle différence établissez-vous entre le gouvernement absolu et le gouvernement constitutionnel? nous ne connaissons pas cette différence. Serons-nous libres sous le nouveau régime ? serons-nous traités en citoyens ou en vilains ?

Le monarque est-il le gouvernement ou le chef du gouvernement ? Si vous adoptez le principe émis par la puissance, *le gouvernement, c'est le Roi*, permettez-moi de vous dire que vous excitez les citoyens à désobéir à la Charte, et que vous ne pouvez vous dispenser de paraître en corps et en grande tenue devant la police correctionnelle à la première réquisition du grand inquisiteur, qui, lançant sur vous son réquisitoire, vous signalera comme des révolutionnaires, et peut-être comme des *mandataires sans pouvoir....*

La Charte prescrit la responsabilité des dépositaires du pouvoir ; le monarque ne peut être à-la-fois *le constituant inviolable*, et le dépositaire *responsable.* Les dépositaires du pouvoir possèdent le pouvoir. Le pouvoir exécutif, c'est le gouvernement *constitué* entre les mains des mandataires ; le *constituant* ne peut être le *constitué.* Si vous contestez cette incontestable vérité, je vous accuserai d'affaiblir le respect dû aux mânes de l'illustre et vertueux Fénélon, qui a dit avec beaucoup de sens et de raison, il y a cent vingt ans, dans son Télémaque, livre séditieux qui conduirait aujourd'hui son auteur à la prison : *LES ROIS DOIVENT SE BORNER A GOUVERNER CEUX QUI GOUVERNENT.*

Dabis servo tuo cor docile ut populum tuum, judicare possit et discernere inter bonum et malum. (1) Voilà mon second point.

(1) Livre des Rois, 3, 9.

TROISIÈME PARTIE.

Nous donnerez-vous, cette année, des instructions sur la signification des mots *sédition*, *séditieux*, afin que nous puissions reconnaître le danger auquel on s'expose en déclarant une guerre de plume aux abus, à l'arbitraire, pour le salut commun?

Permettrez-vous à messieurs les avocats du Roi de sortir des bornes de leur devoir, et de franchir les limites tracées par leurs attributions? Les autoriserez-vous à injurier les écrivains prévenus de sédition, à leur adresser des personnalités *révoltantes*, à les outrager sans pudeur? Pourront-ils se soustraire à des réprimandes bien méritées en se cachant derrière le trône, en se couvrant du manteau royal, en disant : *Je représente le Roi* : *Je parle au nom du Roi?* Sera-t-on coupable, en répondant à un vice-roi : c'est vous qui devenez séditieux, en faisant dire à S. M. beaucoup de sottises que vous prenez sous votre bonnet?

Messieurs les avocats du Roi représentent-ils réellement le Roi, ou ne sont-ils que des *avocats* choisis par le souverain, pour porter la plainte ou l'accusation au nom du Roi protecteur des droits de propriété, de l'honneur et de la liberté des citoyens, conservateur de la majesté du trône?

Le monarque est représenté par son ministre de la justice, représenté lui-même par l'avocat du Roi : ces trois personnes sont-elles une nouvelle *trinité?* Cette *trinité* passera-t-elle dans votre loi? Gardez-vous bien de devenir blasphémateurs.

Rédigerez-vous, pour messieurs les avocats du Roi, un petit traité sur l'art de dresser un réquisitoire? Condamnerez-vous les écrivains à supporter l'ennui narcotique d'entendre traduire en français les gauloises rêveries des vilains du bon roi Dagobert?

N'infligerez-vous pas une petite correction (ne fût-ce qu'une amende de 4 à 5,000 fr., ou un cautionnement de bonne conduite) à un avocat du Roi qui se permettrait d'introduire des *farces* dans son réquisitoire?

Défendrez-vous à l'accusé *de se défendre.* Lorsque l'avocat du citoyen, défendeur, sera en présence de l'avocat du Roi, demandeur et plaignant, le tribunal aura-t-il le droit de l'interrompre en l'invitant gracieusement, par l'organe du président, à se renfermer dans les bornes d'une légitime défense.

Qu'entend-on par *légitime défense*? Consiste-t-elle dans l'aveu d'une faute que l'on n'a point commise, d'un délit dont on n'est point coupable, d'une intention que jamais on ne conçut? Se défend-on légitimement lorsqu'on écoute avec un stoïcisme imperturbable les injures et les calomnies que l'accusateur vocifère contre l'accusé? Messieurs de la police correctionnelle ont une idée très-exacte de la légitimité des gouvernans; mais la légitimité des gouvernés, et sur-tout celle des écrivains, ne me paraît pas être bien établie dans leur esprit.

La justice politique voit tout en noir autour d'elle, le noir absorbe les rayons de lumière; qui mieux que moi doit le savoir, mes très-chers frères? Elle fait ses études politiques aux dépens des pauvres écrivains, comme ces jeunes médecins, ces jeunes oculistes qui font leur apprentissage dans les hôpitaux aux dépens des malades et des affligés, en les privant de la vie ou de la vue, pour les rendre plus sains ou plus clairvoyans : elle nous prive de la liberté dont nous réclamons la jouissance, au lieu de nous indiquer paternellement nos droits et nos devoirs. Pour nous éviter les écueils qu'elle fait naître sans cesse sous nos pas dans la carrière que nous parcourons, pour nous définir la liberté sage, la liberté légale, on nous enlève la liberté naturelle : quelle paternité ! Condamnés, emprisonnés, nous n'en savons pas davantage qu'au jour du jugement. Messieurs de la police correctionnelle semblent nous dire : Vous avez une opinion qui n'est pas la nôtre ; vous ne pensez pas comme nous, *qui sommes étrangers à la matière qui vous occupe* ; donc vous êtes coupables ; donc nous vous condamnons pour vous apprendre ce que nous ne savons pas nous-mêmes.

Je vous interroge continuellement, excusez, je vous en prie, mon importunité ; je suis mu par un sentiment de curiosité bien naturel : je ne veux pas être séditieux et calomniateur envers S. M., descendant dans un petit fauteuil de police correctionnelle, abandonnant la pourpre pour la robe noire, le trône pour un siége de bois, le diadême pour une toque de serge, et le sceptre pour une gaule avec laquelle elle flagelle sans distinction les écrivains, les filous et les prostituées.

Les écrivains sont considérés comme des hérétiques politiques ou des apôtres sans mission. Dernièrement encore, un procureur-général, dans ses conclusions, les invitait à laisser au gouvernement et aux chambres le soin *de réprimer les écarts des fonctionnaires* et de veiller à la conservation de nos libertés. Ce magistrat avait raison, car depuis trois ans le gouvernement a réprimé ces écarts en tolérant les abus, et ses organes ont répondu aux réclamations, aux plaintes qui retentissaient à votre tribune, par ces mots: *Vous voulez déconsidérer le gouvernement.* Les chambres ont exercé une telle surveillance, que, fatiguées de rester en sentinelles, elles se sont endormies; pendant leur sommeil, le précieux dépôt confié à leurs soins a été enlevé par les furets des antichambres ministérielles.

Errare humanum est, mais il me semble que les écrivains sont les missionnaires envoyés en croisades par la nation (qui maintenant est quelque chose), pour disputer aux infidèles la garde du palladium national, et prêcher la légitimité des droits des peuples;

selon l'opinion de ces *coquins* de constitutionnels, d'autant plus coquins qu'ils recommandent qu'on ne vole personne, pas même le trésor public, quelque public qu'il puisse être; d'autant plus irréligieux qu'ils recommandent l'observation des règles, de la morale et des préceptes de la religion; d'autant plus anarchistes qu'ils réclament la stricte exécution des lois; d'autant plus sans-culottes qu'ils demandent des vêtemens, un asile et du pain pour l'indigent; d'autant plus révolutionnaires qu'ils se prononcent ouvertement pour l'inviolabilité des propriétés mobilières, immobilières, nationales ou particulières; d'autant plus licencieux qu'ils se récrient contre la violation de la foi publique, en jurant haine à la licence, aux abus, à l'arbitraire, au despotisme.

Je m'étais imaginé qu'il existait en France une constitution nommée Charte, figurée en bas-relief sur le frontispice de votre palais; que l'original de cette copie devait renfermer un article 8 dans lequel les écrivains pourraient trouver gratis une mission et un mandat écrits en encre indélébile. Peut-être ai-je rêvé? Si vous le pensez, daignez me faire passer dans votre loi un petit mot d'avis. Je me bornerai à dire avec Molière : *C'est votre léthargie.*

Sera-t-il permis de regarder les ministres comme des acteurs qui jouent les principaux rôles sur le grand théâtre politique? Pourra-t-on, sans être séditieux, les applaudir, ou les sifler *ad libitum*, et prier le directeur de mieux composer sa troupe?

Vous n'ignorez pas, mes frères, que les acteurs qui figurent sur les théâtres établis dans le domaine de Thalie, lorsqu'ils ne sont point en état de remplir les premiers ou les seconds rôles, ont la faculté d'exercer leur talent dans des emplois moins importans ; ils peuvent apporter des lettres, faire le muet du sérail, l'ours dans les Chasseurs et la Laitière, les pieds de chameau dans la Caravanne du Caire, ou le diable dans les Danaïdes.

Emprisonnera-t-on un moraliste qui s'exprimerait ainsi dans ses écrits : « Plût au ciel que dans l'aveuglement où nous vivons aujourd'hui, chacun de nous eût son prophète qui l'avertît des nécessités de son âme ; qui dit à celui-ci : restitue ce bien mal acquis, et répare tes injustices ; à celui-là : descends de cette place que tu occupes indignement, et ne demeure pas dans un ministère où tu t'es ingéré sans vocation, et dont tu n'es pas capable ; aux uns, retranchez de ce train qui ruine votre famille ; aux autres, rompez ces liens qui vous attachent à l'iniquité? (1) »

Le ministère est-il un patrimoine et un apanage à vie ? A cette question les hommes en place répondront affirmativement, la grande majorité votera pour la négative ; les hommes en place étant les plus forts, veuillez concilier toutes les opinions, tous les intérêts, par l'insertion d'un petit article dans votre loi.

N'oubliez pas de nous dire s'il sera défendu de publier la vérité ; un ancien proverbe nous apprend *que toute vérité n'est pas bonne à dire* : prendrez-vous pour règle législative les proverbes ? Nos lois seront-elles délibérées proverbialement? Alors vous nous donnerez dans un article de loi la note *des vérités qui ne seront pas bonnes à dire.*

A propos de proverbes, ma grand'mère

---

(1) Fléchier. (*Panégyrique de Saint François de Paule.*)

me répétait souvent : *ce qui n'est pas bon à dire, est bon à chanter.* Si vous convertissez les proverbes en axiômes de droit public, vous ne pourrez nous enlever le droit de chanter toutes les vérités ? Alors nous chanterons ? Vous le savez, en France on chansonna des vérités sous la monarchie absolue.

Le Français né malin créa le vaudeville.

Les écrivains politiques ne font pas tous des vers ; il serait difficile d'examiner les budgets dans des odes, dans des satires ou dans des poëmes ; aucun auteur ne nous a donné un traité de l'arithmétique poétique.

Serons-nous contraints de voiler la *vérité ?* S'il faut voiler la *vérité*, la vérité perdra ses attributs, elle cessera d'être la *vérité.* Prenez-y garde, l'ordre légal de voiler la *vérité* nous enlevera le libre exercice de la presse, le droit de publier nos pensées. Admettrez-vous plusieurs degrés de *vérité* ? Nous direz-vous à quel degré, à quel ton nous devrons élever la voix de la *vérité*, et sur quelle gamme il nous sera permis de chanter la *vérité ?*

Si vous érigez en loi l'opinion des rois, veuillez vous rappeler que le bon Henri exigeait qu'on dît *la vérité toute entière* ; et plusieurs empereurs chinois pensaient et parlaient comme notre cher Henri.

Nous permettrez-vous de dire des vérités dans l'intérêt de l'Etat? Publiera-t-on ces terribles vérités, l'effroi des dépositaires du pouvoir et des fonctionnaires publics, ces vérités austères dont la connaissance renverse les projets ourdis par la cupidité, par l'orgueil, contre l'intérêt commun?

Pourrons-nous, furets politiques, nous introduire mystérieusement et invisiblement dans le cabinet d'une Excellence, révéler ses petits stratagèmes, déjouer ses sourdes menées, raconter les anecdotes secrètes et scandaleuses, dont sont muets témoins les tablettes des cheminées ministérielles?

Sera-t-il défendu de faire l'inventaire d'une Excellence qui recevra le porte-feuille, et de dresser son bilan au moment de son départ, afin de nous assurer si elle s'est ruinée ou enrichie dans l'exercice de ses éminentes fonctions?

Serons-nous autorisés par votre loi, à demander à un ministre un fidèle compte de sa fortune, en lui appliquant ce commandement (s'il est chrétien) : Tous tes péchés confesseras au moins une fois l'an, le jour de la résurrection des deux chambres, pour obtenir un congé ou un bill d'indemnité? Pourrons-nous le sommer de nous dire (que ce soit, ou non, son bon plaisir) comment il s'est procuré les fonds avec lesquels il a acheté telle ou telle terre, s'il a acheté des terres, ou les capitaux qu'il a placés dans telle ou telle banque, s'il a placé des capitaux dans les banques?

Pourra-t-on exiger qu'une Excellence sorte du ministère les mains nettes, pour réaliser le vœu du chancelier Lhopital, et *les vœux du peuple?* Une commission sera-t-elle formée pour examiner les mains et les poches d'une Excellence congédiée, démissionnaire ou *congédiable*? Pourra-t-on enfin, la forcer par écrit à présenter en rentrant dans le monde le bilan de sa fortune, non par *doit* et *avoir*, mais bien par *avant* et *après*, comme le fit le grand Sully de vertueuse mémoire, sans invitation et sans ordre; exemple que cet illustre ministre légua à ses successeurs, qui ont dédaigné de devenir ses imitateurs?

Aurons-nous la faculté de comparer une Excellence à un morceau de bœuf à la mode entrelardé, selon la coutume anglaise, sans manquer de respect à cette Excellence, quelque *excellentissime* qu'elle soit?

Sera-t-on criminel de lèze-majesté, en conspirant pour détrôner une Excellence, parce qu'elle n'est pas excellente? L'Excellence n'est-elle pas un être moral (quelquefois immoral)? Ne peut-on occir un être moral sans répandre le sang de l'être physique, sans attenter à sa vie, en attentant simplement à ses beaux jours? *Le patriotisme de lèze-excellence* sera-t-il rangé au nombre des forfaits? enverrez-vous dans les prisons un écrivain qui n'aura pas encensé une Excellence, ou qui n'aura pas adressé des vœux au ciel pour la durée de l'existence d'une Excellence?

Encore une fois, de bonnes lois, pour être durables, doivent embrasser le présent et l'avenir. Il est du devoir des législateurs de prévoir les minorités, les caducités, les empiétemens de la puissance monarchique sur la puissance nationale, empiétemens qui détruiraient l'équilibre dans la balance des pouvoirs.

S'il arrivait un jour que le gouvernement dépensât sept à huit cent mille francs, plus ou moins, pour faire adopter une mauvaise loi, serait-il permis alors aux écrivains de prendre les plumes en masse, pour publier les plaintes et les récriminations de la nation, en disant : Le peuple porte dans les caisses publiques des tributs destinés à couvrir les frais légalement reconnus de l'administration générale. Aucune somme ne doit être dépensée pour la façon des lois, ses fondés de pouvoir recevant un mandat pour les façonner gratis ; cette somme sera mieux employée à soulager l'indigent : la Charte veut que les fonctions législatives soient gratuites.

Sera-t-on séditieux, en critiquant la loi des élections délibérée par les deux chambres, et revêtue du sceau royal ; en demandant que cette loi soit complétée par des articles additionnels qui privent de leurs droits électoraux les électeurs qui auraient accepté des dîners pendant le mois qui précédera les élections, et qui prescrivent la nullité des élections toutes les fois que les candidats nommés auront été proposés ou désignés directement ou indirectement par les présidens et les vice-présidens des colléges, ou toutes les fois que le ministère se sera fait le grand électeur d'un département ?

L'article 123 du Code pénal est ainsi conçu : « Tout citoyen qui aura, dans les élections, acheté ou vendu un suffrage à un prix quelconque, sera puni d'interdiction des droits de citoyen et de toute fonction ou emploi public, pendant cinq ans au moins et dix ans au plus.... Seront en outre, le vendeur et l'acheteur du suffrage, condamnés chacun à une amende double de la valeur des choses reçues ou promises. »

Sera-t-il permis à un écrivain de déclarer que tel ministre ou tel fonctionnaire ayant acheté des suffrages en donnant des dîners, ou en promettant des places, doit être interdit de toute fonction ou emploi public, et condamné à payer une amende double de la valeur du dîner ou de la valeur du traitement de la place promise? Cet écrivain sera-t-il séditieux, s'exposera-t-il à se faire envoyer en prison? Encore un petit article, dans votre loi, s'il vous plaît, mes très-chers frères.

Veuillez nous dire dans votre loi, si les députés sont les mandataires de la nation ou les mandataires du gouvernement? mandataires du gouvernement, ils seraient mandataires sans pouvoir; mandataires du peuple, leur nomination appartient au peuple. *Ils sont indépendans du gouvernement.* Leur mandat les autorise à refuser l'obéissance au gouvernement comme députés, sans les dispenser de l'obéissance comme citoyens; mais le serment qu'ils prêtent, leur impose l'obligation sacramentelle de respecter non-seulement les constitutions, mais encore les dispositions des lois fondamentales, qui concernent les droits du Chef du gouvernement, qui n'est pas et ne peut être le gouvernement *représentatif*, alliance de la nation représentée par les députés de la représentation avec la monarchie représentée par le gouvernement : de sorte que la monarchie et la nation constituant le gouvernement représentatif, la représentation est à la nation comme le gouvernement est à la monarchie. La nomination des délégués du gouvernement ne dépend pas de la nation; la nomination des délégués de la nation ne dépend pas du gouvernement. J'en conclus que les élections doivent être libres : des élections travaillées sont nulles. Ces vérités seront-elles adoptées par vous comme principes? les écrivains seront-ils séditieux en les publiant?

Sera-t-il permis de faire imprimer ces pensées, « que ces jours de deuil paraissaient loin de nous en ce jour brillant où nous donnions des rois à nos voisins. Ce fut ce grand jour qu'il parut comme un nouveau Charlemagne, voyant son trône environné de rois sortis de son sang, réunissant encore une fois sous la race auguste des Francs les peuples et les nations, faisant mouvoir du fond de son palais les ressorts de tant de royaumes; et devenu le centre et le lieu de deux vastes monarchies dont les intérêts avaient semblé jusque-là aussi incompatibles que les humeurs? »

Mais, hélas! j'entends crier autour de moi: « c'est un espion de Sainte-Hélène, un messager de l'usurpateur, qui vient vanter l'illégitimité... » La paix! la paix! mes bons amis. Ces paroles, dont je suis le répétiteur, ont été prononcées par le révérend Père Massillon dans la Sainte Chapelle de Paris (1). Si vous êtes chronologistes, vous saurez que Massillon mourut long-temps avant la naissance de l'usurpateur. Voyez à quels écarts on est conduit par le système des interprétations!

---

(1) Massillon. *Oraison funèbre de Louis XIV.*

Sera-t-il permis, sans être accusé de vouloir ébranler l'autorité légitime, de s'exprimer en ces termes : « Déjà le feu de la guerre s'allume dans toute l'Europe ; le nombre de nos victoires augmente celui de nos ennemis, et plus nos ennemis augmentent, plus nos victoires se multiplient ; l'Escaut, le Rhin, le Pô, le Ther, n'opposent qu'une faible digue à la rapidité de nos conquêtes. Toute l'Europe se ligue, et ses forces réunies ne servent qu'à montrer la supériorité des nôtres. Les mauvais succès irritent nos ennemis sans les désarmer ; leurs défaites, qui doivent finir la guerre, l'éternisent ; tant de sang déjà répandu nourrit les haines, loin de les éteindre ; les traités de paix ne sont que comme l'appareil d'une nouvelle guerre ; les situations changent et nos prospérités continuent : la monarchie n'avait pas encore vu des jours si brillans ; elle s'était relevée autrefois de ses malheurs, elle a pensé périr et écrouler sous le poids de sa propre gloire : la terre toute seule ne semblait pas suffire à nos triomphes....

» Jamais la France n'avait mis sur pied des armées si formidables ; jamais l'art militaire, c'est-à-dire, l'art d'apprendre aux hommes à s'exterminer les uns les autres, n'avait été poussé si loin.

» Mais, hélas ! tristes souvenirs de nos victoires ! que nous rappelez-vous, monumens superbes, élevés au milieu de nos places, publiques pour en immortaliser la mémoire? que rappellerez-vous à nos neveux, lorsqu'ils vous demanderont comme autrefois les Israélites, ce que signifient vos masses pompeuses et énormes? Vous leur rappellerez un siècle entier d'horreur et de carnage... Tant de mères, point consolées, qui pleurent encore sur leurs enfans; nos campagnes désertes, et au lieu des trésors qu'elles renferment dans leur sein, n'offrant plus que des ronces au petit nombre de laboureurs forcés de les négliger; nos villes désolées, nos peuples épuisés, les arts à la fin sans émulation: vous leur rappellerez nos pertes plutôt que nos conquêtes. »

J'entends déjà quelques-uns d'entre vous s'écrier : « Eh quoi ! vous vous dites l'ami de votre pays, l'ami du bien public, et vous osez vanter les succès de ces armées révolutionnaires qui, sous le règne d'un usurpateur, portèrent l'étendard tricolor de l'illégitimité sur le faîte des palais des rois;

vous osez tracer la déplorable situation de la France, suites inévitables des entreprises de l'usurpation...? »

Eh! mes très-chers frères! qui vous parle des armées républicaines, des armées impériales, des causes ou des effets de l'occupation du sol français par nos amis les ennemis. Eh! qui vous parle de Bonaparte, *de cet astre radieux de la Gaule poétique* : les paroles que je viens de réciter ont été prononcées par le révérend père Massillon, évêque de Clermont, dans son oraison funèbre de Louis-le-Grand, à la mort de Louis XIV, roi de France.

N'oubliez pas d'introduire dans votre loi quelques articles additionnels aux dispositions du Code Pénal sur la *calomnie.*

Il serait bien, selon moi, de distinguer la *calomnie politique* de la *calomnie civile* ; nos législateurs judiciaires se sont chargés de suppléer au silence du Code sans le secours des deux Chambres : témérité inconstitutionnelle et répréhensible! ils se sont érigés en avocats d'office des fonctionnaires publics : à-la-fois juges et avocats, ces messieurs sont devenus cumulards. L'autorité judiciaire attend, pour juger la calomnie, que l'on porte devant elle des plaintes contre les personnes *sans place*, mais elle prend l'iniative contre les calomnies vraies ou fausses qui concernent les personnes *ayant place* : Pour un ami l'autre veille, nous dit un proverbe.

Le ministère public pourra-t-il, à l'avenir, se rendre plaignant au nom d'un fonctionnaire ou d'un ministre, sans autorisation, sans mandat publiquement délivré?

Supposons qu'un auteur affirme que tel préfet, tel magistrat ou tel ministre est un fripon : serait-il convenable que le ministère public attaquât l'auteur? Si le fonctionnaire ou le ministre consultait sa conscience, si cette conscience lui disait : tais-toi, ne te plains pas, *le calomnié* ne préférerait-il pas garder le silence et feindre d'ignorer la publication de la calomnie ; se soucierait-il de forcer l'auteur à présenter devant les tribunaux, au *calomnié*, la *preuve légale* ou authentique du fait imputé.

A propos de preuve légale relative aux faits imputés à des fonctionnaires, je vous observerai qu'un écrivain qui aurait osé publier, avant le 9 thermidor, que Robespierre était un coquin et même quelque chose de plus, eût été condamné comme calomniateur. Quelle preuve légale pouvait-il fournir à l'appui du fait imputé? Comment jugera-t-on ces sortes de *calomnies* ?

Qui de vous peut se vanter de n'avoir jamais été calomniateur? de n'avoir jamais encouru les peines de l'incarcération, de l'amende et du cautionnement de bonne conduite? Hélas! si la condamnation ne vous a point atteints, rendez-en grâces à la charité chrétienne des calomniés qui mettaient en pratique ce précepte de l'évangile : *Si l'on vous donne un soufflet, présentez l'autre joue.* Rendez-en grâces aussi à l'inviolabilité, aux priviléges de votre magistrature démocratique : les pauvres hères d'écrivains ne possèdent pas vos avantages tribunitiens.

En décembre 1817 plusieurs d'entre vous ont donné aux magistrats un fameux soufflet *moral*, en disant dans leur discours sur la presse (à propos du jury), *les juges n'ont-ils pas un avancement à obtenir et des enfans à placer?* Vous n'avez point rappelé à l'ordre ces calomniateurs, vous êtes devenus leurs complices par approbation tacite et indirecte, d'après le système des interprétations rectilignes et curvilignes. Qui vous a dit que MM. les juges voulaient ou veulent obtenir de l'avancement, et placer leurs enfans? Peu vous importe qu'ils aient des enfans à placer, et qu'ils retiennent, par mesure de précaution, des places pour les enfans qu'ils élèvent, ou pour ceux que leur donneront leurs dames? Il ne convient pas plus à la législature de s'ingérer dans les affaires de famille judiciaires, qu'il ne convient à la justice de démêler les affaires de famille tribunitiennes.

Vous avez donc calomnié, tant directement qu'indirectement, MM. de la police correctionnelle; or, comme il existe une police correctionnelle dans chaque arrondissement du royaume, votre magistrature démocratique vous a évité le désagrément de voyager au nombre de 253 accusés pendant 365 jours, pour répondre à une accusation de calomnie dans environ 360 villes chefs-lieux d'arrondissement, *selon la coutume de Rennes* : c'est un talisman, au moins, une place de député!

Aujourd'hui le ministère public dit à l'auteur, vous avez imputé tel ou tel fait à tel ou tel fonctionnaire, à telle ou telle Excellence..... Donc vous êtes calomniateur. Conséquence très-judicieuse, tirée de ce principe, que le magistrat représentant le souverain, jouissant de sa confiance, participe de son inviolabilité et de son infaillibilité; un souverain étant infaillible ne peut donner sa confiance à un fripon. C'est aussi d'après ces principes que l'on juge les calomniateurs politiques à Constantinople, à Bagdad, à Ispahan, à Tauris.

Une petite brochure fut *saisie* pendant la dernière session. L'auteur, vous le croirez à peine, consigné chez lui, gardé à vue par deux gendarmes, fut accusé *in petto* d'avoir parlé *irrévérencieusement* du général en chef des armées alliées, *irrévérence* qui entraînait, tout au plus, une plainte en calomnie de la part du général étranger, et non de la part de la police française; cette saisie, cette arrestation étaient-elles légales ou arbitraires et oppressives?

Si vous accordez au Gouvernement cette faculté indéfinie de saisir les livres *non séditieux*, et de violer la liberté individuelle et le droit de propriété, vous direz sans doute aux écrivains, dans votre loi : « Ne parlez pas *irrévérencieusement* de l'alcade de Tolède, du corrégidor de Séville, d'un familier du Saint-Office, du podesta de Milan, du bourguemestre de Magdebourg, du lord-maire de Londres, du pacha de Valachie, d'un bey d'Egypte, d'un mandarin de la Chine, du cadi d'Andrinople, ou de l'aga des Janissaires. Ne parlez pas *irrévérencieusement* des généraux russes, autrichiens, polonais, napolitains, espagnols, prussiens, bavarois, anglais, danois et suédois; car vous répandriez des nouvelles alarmantes sur le maintien de l'autorité légitime; vous exciteriez les citoyens à désobéir à la Charte; vous tenteriez, par des injures et des calomnies, d'affaiblir INDIRECTEMENT le respect dû à la personne du Roi de France, aux termes de la loi de novembre.

Si désormais les Excellences vous font entendre ces paroles de votre tribune : *Vos plaintes ne tendent qu'à déconsidérer le Gouvernement...... Citez-nous un seul acte arbitraire.....* Vous n'en citerez pas *un.....* mais *un mille.*

Il n'appartient qu'au jury de juger les calomnies, sur-tout la calomnie politique, lorsque l'auteur ne pourra présenter la preuve légale de l'imputation d'un fait notoire:

composé de membres extraits des diverses parties qui composent la société, il deviendra l'organe de l'opinion; il sera indispensable néanmoins. pour éviter les funestes effets des passions et de l'esprit de corps, que les calomnies dirigées contre les fonctionnaires ne soient soumises qu'au jugement d'un jury composé de *non-fonctionnaires*.

L'article 375 du Code pénal ne reconnaît pas comme calomnieuse l'imputation d'un fait *qui n'est pas précis*, ou qui ne serait qu'un *vice déterminé*; si un magistrat affiche des *vices déterminés*, sera-t-on calomniateur en indiquant *ses vices*?

Si l'on prétend qu'un avocat du Roi possède au premier chef la protubérance de l'ambition, qu'il se laisse corrompre pour obtenir un bonnet plus richement orné que le sien, pour occuper une place d'avocat-général ou de procureur du Roi, le docteur Gall sera-t-il appelé (si le docteur vit encore à cette époque) pour tâter le magistrat en séance publique? dans le cas où l'avocat du Roi, fier de son inviolabilité, ferait le crâne, l'accusé pourra-t-il profiter de la présence du cranologue pour faire affirmer au tribunal que ne possédant point la bosse de la calomnie, il ne peut être calomniateur envers le vice-roi; argument péremptoire irrésistible, tiré de la nature des choses et même de la nature des personnes.

Je fais la motion que les jugemens concernant la calomnie envers les magistrats soient établis dorénavant en France sur *les épreuves des bosses*, comme ils le furent jadis sur les *épreuves du feu* dans la *Gaule*.

Si l'on assurait qu'un magistrat fait de l'esprit en introduisant de la poésie dans ses réquisitoires, pour appuyer ses prétentions au fauteuil académique, et que ce fauteuil lui a été refusé; quoique la preuve légale de cette assertion ne soit point rapportée, faudrait-il envoyer un huissier à l'académie pour la sommer de comparaître en corps, à la barre de la police correctionnelle, aux fins de prononcer un jugement qui fournirait la preuve légale du fait imputé au prévenu de calomnie?

Un avocat du Roi pourra-t-il désormais faire publiquement un cours de grammaire, disputer sur la valeur des mots, et s'ériger en réformateur du Dictionnaire de l'Académie?

Les jugemens qui prononcent condamnation contre les écrivains, déclarent en toutes lettres la saisie de l'ouvrage bonne et valable. L'article 15 de la loi de 1814 porte que : *il y a lieu à saisie, si l'ouvrage est déféré aux tribunaux pour son contenu.* Une brochure *qui n'a point été saisie* a été déférée aux tribunaux, qui ont condamné l'auteur à l'emprisonnement. Le jugement a déclaré *bonne et valable la saisie.* Une saisie *qui n'a point eu lieu* peut-elle être *bonne et valable* ? Est-on calomniateur envers messieurs de la police correctionnelle, en affirmant qu'ils ne savent ce qu'ils font, lorsque la *preuve légale* du fait imputé est fournie par le jugement qu'ils ont prononcé? Des juges qui commettent d'aussi graves erreurs ne doivent-ils pas condamner souvent des innocens? Quel respect doit-on porter à la chose jugée?

Messieurs de la police correctionnelle ont donné des preuves incontestables de leur désintéressement, de leur intégrité, de leur indépendance; ils n'ont reçu aucun ordre des ministres; ils n'ont point remis les causes à huitaine et à quinzaine, au mépris de l'article 190 du Code d'instruction criminelle, pour consulter l'autorité supérieure; ils ont toujours compris les matières soumises à leur sagacité; ils ont pensé ce qu'ils ont dit; ils ont condamné en conscience, en s'abstenant de demander au pouvoir dans quel sens devaient être rédigés les jugemens qu'ils ont rendus.

Eh quoi! mes frères, vous paraissez mécontens? Que signifient ces agitations, ces mouvemens ambigus? Oseriez-vous me contredire? Il serait plaisant que des députés, vexés d'entendre l'apologie de messieurs de la police correctionnelle, m'attaquassent en calomnie, en prenant fait et cause pour ces messieurs!

Les rois d'Egypte, dit Plutarque, en installant les juges, exigeaient d'eux le serment que, lorsque le roi leur commanderait de rendre des jugemens iniques, ils désobéiront au souverain.

Votre loi *complète* de 1817 ne faisait aucune mention des affiches, images, peintures, gravures, et des *caricatures*; moins *prévoyante* que le Code pénal et que l'*imprévoyante* loi de novembre, elle en abandonnait la publication au bon plaisir de l'autorité.

Les lois *incomplètes*, rendues antérieurement à votre loi *complète*, renfermaient quelques articles concernant les images. Le *veto* de la police est aujourd'hui au-dessus des lois qui rangent les images et les affiches dans la même catégorie que les écrits imprimés (1). Veuillez donc, dans votre loi *future*, réparer l'erreur et l'omission impardonnable que l'on remarquait dans votre loi *complète passée*.

Les lois, selon l'opinion des plus doctes publicistes, doivent être appropriées aux mœurs, aux coutumes et à la morale publique des nations. Vous connaissez les goûts, les penchans de vos concitoyens pour les caricatures ; les petits enfans attendent comme des Messies les images qu'on promet de leur donner à Pâques : souvent, pour obtenir le prix de leur bonne conduite et de leur aptitude au travail, ils sont sages pendant l'année scholastique. La distribution des images est donc, aux yeux du moraliste, un stimulant puissant que les gouvernemens doivent employer pour rendre les

(1) La police a défendu souvent d'afficher l'annonce des ouvrages qui, mis en vente, n'ont jamais été saisis, et qui, par conséquent, n'étaient pas séditieux.

enfans dociles, obéissans, soumis à leur papa, à leur maman. Dans un temps où l'on propage l'instruction parmi la jeunesse française par les signes de l'enseignement mutuel, vous compléterez l'éducation de l'enfance, en protégeant à-la-fois les moyens d'instruction par *signes*, et les moyens de sagesse par *images*.

Les caricatures sont devenues une matière de première nécessité pour les jouissances du peuple : les gens riches les achètent, les pauvres les contemplent ; les oisifs des cités sur les quais, sur les places publiques, dans les carrefours ; les villageois, dans les marchés, dans les réunions foraines, voient dans les images la peinture fidèle des travers de l'espèce humaine ; en fumant leurs pipes, ils font un petit cours de morale.

Si l'image représente l'arrestation d'un escroc, elle apprend qu'il ne faut pas escroquer, et que le châtiment tôt ou tard attend le coupable.

Si la caricature représente l'incarcération d'un écrivain, qui avec des crics essaie de renverser des traiteaux sur lesquels se trouvent placés de grands seigneurs, et que, dans le fonds du petit tableau, l'impitoyable justice semble lui dire proverbialement : Qui s'y frotte s'y pique : alors les charbonniers, les décrotteurs, les ramoneurs, les forts de la halle, ne sont pas tentés d'écrire contre les abus de pouvoir, les actes arbitraires et les ruineux systèmes de finances. Les hommes puissans sont satisfaits; le nombre des écrivains diminue; les citoyens ne sont pas aussi satisfaits que les hommes puissans.

Si l'image représente le frontispice du palais des députés, on aperçoit l'effigie de la loi tenant un livre ayant pour titre le mot *Charte* : on apprend alors par cette peinture qu'il existe une Charte.

Si l'on remarque autour d'une table un grand nombre d'individus faisant un somptueux repas, buvant des vins délicieux, au milieu des lambris dorés éclairés par mille bougies qui répandent la lumière sur les convives étourdis par les fumées bachiques, on devine l'intention du peintre; on prend un crayon, on trace ces mots : *voix vendues*. Un bon citoyen forme aussitôt le projet de donner un pendant au tableau : il fait représenter des indigens gisant sur de mauvais grabats, manquant de vêtemens et des choses nécessaires à la vie : s'ils ouvrent la bouche pour demander du pain, on écrit : *voix perdues.*

Vous nous définirez sans doute d'une manière précise, la sédition et la calomnie que peut renfermer une image? Qu'entendez-vous par des nouvelles alarmantes peintes au carmin; par un tricolorisme à l'encre de la Chine; par une désobéissance à la Charte excitée à la gouache; par une injure à l'aquarelle; par une calomnie lithographique; par la provocation directe d'une main armée d'un petit pinceau; par la provocation indirecte des grimaces de quelques figures grotesques; par une conspiration en détrempe; par une sédition en taille-douce? Une calomnie en peinture est-elle bien réelle?

Un peintre sera-t-il séditieux s'il place une élégante vêtue de blanc entre un cardinal vêtu de rouge, et un militaire vêtu de bleu? Si vous défendez de peindre les cardinaux, les élégantes et les militaires, vous aurez à redouter les foudres du Saint-Office, les traits malins du Journal des Modes, et le ressentiment de nos vaillans guerriers.

Nos jolies femmes, peintres amateurs, qui se plaisent à faire naître des fleurs sous leurs doigts, en mariant la rose blanche avec le coquelicot et le bluet, ne seront-elles pas des séditieuses aux trois couleurs? Chevaliers galans et courtois, et vous descendans de nos anciens preux, ne voterez-vous pas une petite loi d'exception en faveur de nos jolies femmes? Changeront-elles leurs boudoirs pour les galetas des Madelonnettes? Ah! mes frères, si vous savez encore faire des lois d'exception, je vous en supplie, n'en faites que pour nos belles.

Sera-t-il permis de peindre un ministre avec un pied de nez après le rejet d'un projet de loi? En attaquant un nez ministériel, sera-t-on injurieux envers la personne du Roi, répandra-t-on des nouvelles alarmantes sur le maintien des nez légitimes? Si un ministre représenté avec un long nez avait le nez camus, porterait-il plainte en calomnie contre le peintre et le graveur? L'avocat qui parlerait contre le nez d'une Excellence, recevrait-il l'injonction de se renfermer dans les bornes d'une légitime défense?

Un ignare magistrat pourra-t-il être peint avec les oreilles de l'alliboron, avec la selle à l'âne sur le dos? La cour suprême a décidé, par un arrêt, qu'on peut nommer *âne* un magistrat, sans le calomnier. Si le magistrat portait sa plainte, au mépris de l'arrêt, le peintre pourrait-il demander à l'offensé par quel côté le bât le blesse ? Si le calomnié répondait : je suis *ventru*, cette réponse renfermerait-elle la preuve légale de la calomnie ?

Les fonctionnaires, petits et grands, ne feront-ils point le léger sacrifice de leur amour-propre, pour satisfaire les goûts, pour servir aux menus-plaisirs d'un peuple qui fait tant de sacrifices réels, en payant leurs traitemens ?

Vous me répondrez, peut-être, par un article dans votre loi, que les Français n'étant pas assez *mûrs* pour jouir des avantages du système représentatif, la jouissance des caricatures sera ajournée à *cent ans*... Je vous déclare que je protesterai contre cette délibération, en publiant un *errata* conçu en ces termes : Loi de 1818 sur la presse, article 999 ; lisez, *le système représentatif n'est pas assez* MURI *en France pour réaliser les* VŒUX DU PEUPLE.

Si les forts se plaisent à mystifier les faibles, il est juste que les foibles usent de représailles. Les combats en peinture sont beaucoup moins dangereux que les combats qui commencent par le cliquetis des armes, qui se soutiennent par les coups de canon, et finissent par la ruine du pauvre, par l'incendie des chaumières, par le sac des châteaux.

Que les petits et les grands, renouvellent l'ancienne coutume pratiquée par les souverains, qui, au temps d'Esope, s'envoyaient des énigmes : on aura recours à l'apologue; on fera intervenir des bêtes pour donner des leçons de morale et de politique aux peuples, aux grands, aux potentats; leur enseignement mutuel sera dû aux beaux jours de la caricature; tous se divertiront à qui mieux mieux : *trahit sua quemque voluptas.* On oubliera les malheurs passés, on cessera de gémir sur les malheurs présens. C'est ainsi qu'on passe gaîment le fleuve de la vie.

Les habitans de la Grande-Bretagne, ceux des Pays-Bas, schismatiques et catholiques, ne sont pas plus mûrs que nous; cependant ils jouissent de l'avantage *de publier* leurs opinions et *de peindre* leur pensée. Régis comme eux par un gouvernement dit représentatif, nous sommes mûris par le malheur, mûris par notre propre expérience, mûris par l'expérience de nos voisins. Si, malgré cette triple maturité, vous osez dire encore cette année que les *Français* ne sont pas *mûrs*, je vous attaquerai en calomnie, car je suis Français. Mandataires du peuple Français, vous êtes Français; le peuple ne choisit pour mandataires que des hommes mûrs, donc vous êtes mûrs ou devez l'être; vous vous réunirez à moi, mes très-chers frères, pour porter notre plainte en calomnie contre la Chambre des Députés; il y aura du scandale.

Notre première chambre comparaîtra devant la sixième chambre de première instance; Monsieur le Procureur du Roi portera lui-même la parole dans cette cause justement célèbre; il lancera un foudroyant réquisitoire contre qui de droit; messieurs de la police correctionnelle, que l'on dit être Français et mûrs, seront juges et partie; ils ordonneront, conformément à l'article 377 du Code pénal, la suppression des injures renfermées dans votre article 999; en appliquant l'article 371, ils condamneront la chambre à un ou plusieurs mois de prison, à deux cent soixante-cinq millions d'amende solidaire (pour soulager les Français qui ne sont pas assez mûrs pour contribuer au paiement du solde des alliés), à 680,000 fr. de cautionnement de bonne conduite. Les 680,000 francs versés dans votre petit trésor, pour couvrir les frais d'entretien, de chauffage, d'éclairage, etc., seront amortis par la caisse d'amortissement, pour payer la rente de quelques rentes, vous ne serez plus échauffés et même éclairés ; que dis-je ! la condamnation prononcée contre la Chambre des députés, et l'exécution du jugement, dissolveront cette Chambre. La police correctionnelle n'est point dans la Charte ; ses droits n'y sont pas mentionnés. L'article 8 fait mention des droits des écrivains : or, la police correctionnelle, en supprimant la Chambre et votre article 999, s'élevera au-dessus de la Charte, qui, au-dessus du Roi, confère au Roi seul le droit de rendre des ordonnances du 5 septembre, même en octobre, en novembre ou en décembre. Elle se placera au-dessus du Roi, au-dessus des chambres, au dessus de la nation, qui ont le privilége exclusif de faire ou d'abroger les lois, d'ajouter ou de supprimer un article de loi. C'est une puissance, au moins, cette police correctionnelle!

Mais comme toute puissance vient de la force, comme la force vient de Dieu, selon l'opinion de plus d'un archevêque et de quelques Papes, opinion qui ne peut être suspecte, l'institution de la police est, de droit divin, la puissance suprême sur la terre; elle peut à son gré déposer les Rois, *exiler* les nations, lever des impôts, incarcérer les écrivains; elle n'a de comptes à rendre qu'à Dieu, qui n'a point l'âme vénale; à Dieu, étranger aux choses mondaines; à Dieu, qui n'ayant point introduit la fiscalité dans sa Charte donnée à Moïse sur le mont Sinaï, n'a point exigé de la police correctionnelle, de cette demi-déesse, un cautionnement de bonne conduite. En vérité, en vérité, je vous le dis, mes très-chers frères, ce procès en calomnie à propos de caricatures, fera du bruit dans le monde politique: il y aura du scandale, assurément, il y aura du scandale! *Stupete gentes.*

Evitez, évitez ce scandale; ne calomniez plus la France et les Français; n'oubliez pas les *caricatures* dans votre loi future, sinon la nation vous gardera rancune, vous ne serez pas réélus. Le peuple ne constitue des députés, il ne leur transfère ses pouvoirs que pour agir comme il agirait lui-même. Or, si le peuple délibérait sur ses intérêts, non-seulement il s'occuperait de sa tranquillité, du bonheur public; mais encore de ses plaisirs innocens, en prenant pour devise cette maxime : *Miscuit utile dulci.* Quoi de plus innocent, de plus utile que la caricature ? *Castigat ridendo mores.*

Après vous avoir entretenu des caricatures à l'aquarelle, à l'encre de la Chine, vous parlerai-je des caricatures législatives ?

Emanciperez-vous les journaux, tenus en tutelle depuis si long-temps ? Vous bornerez-vous à les asservir encore cette année, en changeant en loi ce peu de mots : « Les journaux ou autres ouvrages qui traitent de matières politiques, ne pourront paraître, à l'avenir, qu'avec l'autorisation du Roi. »

Les opinions émises dans les deux Chambres ont répandu le plus grand jour sur l'utilité des journaux ; il a été reconnu qu'ils pouvaient faire beaucoup de mal et beaucoup de bien ; mais, par l'effet d'une singulière imprévoyance, vous vous êtes abstenus de faire le bien, en voulant éviter le mal ; vous avez mis les journalistes dans l'impossibilité de faire le bien et le mal : cet excès de précaution a secondé les vues de la puissance. Les journaux sont devenus les armes avec lesquelles le Gouvernement a attaqué tous les partis, toutes les opinions.

Il faut n'être rien aujourd'hui, pour être quelque chose. Si vous vous abaissez à jouer le vil rôle d'adulateur du pouvoir, si vous vous efforcez de prouver que les actes arbitraires sont des actes de justice, vous cesserez d'être persécutés : O le bon temps que le temps d'à-présent !

Qu'entendez - vous par ces paroles : les journaux ne pourront paraître qu'avec l'autorisation du Roi ? J'entends, moi, qu'aucune feuille publique ne pourra paraître à l'avenir sans autorisation, et que les feuilles périodiques autorisées et publiées depuis plusieurs années, étant devenues une propriété industrielle des rédacteurs, elles ne peuvent être supprimées par les agens du pouvoir, sans violer un article de la Charte.

Telle était votre intention en créant la loi, tel était le sens qu'elle devait offrir ; mais l'autorité, qui souvent méconnaît l'intention du législateur et s'écarte de l'esprit des lois, a donné à cette loi une tout autre application lorsqu'elle crut y trouver une autorisation légale pour supprimer le *Constitutionnel* et le *Fidèle ami du Roi*. La puissance a violé le droit sacré de propriété acquis par une longue suite de publications résultantes de l'autorisation préalable ; elle a privé les rédacteurs du droit de propriété que vos lois d'exception sur la presse n'ont point excepté et ne peuvent excepter de la Charte.

Pour justifier ces violations, pour motiver ces suppressions, on répondra que les rédacteurs de ces feuilles publiques se sont portés à des écarts blâmables, condamnables. L'autorité administrative, répliquerai-je, a donc empiété sur les attributions de l'autorité judiciaire chargée de l'application des lois, et de prononcer sur les délits ; si le rédacteur est prévenu d'avoir commis un délit, qu'il soit condamné légalement. Le délit doit être prouvé par une instruction spéciale, faite dans les formes prescrites par nos lois criminelles : nos magistrats aspireraient-ils au titre de cadis ?

Quel délit imputera-t-on à l'écrivain rédacteur d'une feuille périodique qui traite de matières politiques ? A-t-il porté atteinte aux mœurs ? Ce cas de culpabilité est prévu par le Code pénal. A-t-il tenté, par des injures et des calomnies, d'affoiblir le respect dû à la personne du Roi ? A-t-il répandu des nouvelles alarmantes sur le maintien de l'autorité légitime ? A-t-il excité les citoyens à désobéir à la Charte? A-t-on remarqué, enfin, dans ses articles, des provocations directes ou indirectes à des crimes? Il se trouve dans les cas prévus par les articles 1, 2, 3, 4, 5, 6, 7, 8, 9, 10 de la fameuse loi de novembre. Le Code pénal et la loi de novembre ne renferment pas un seul article, une seule ligne qui confère à l'autorité le pouvoir despotique de supprimer un journal, de priver des citoyens français de leur propriété. La puissance s'est donc élevée au-dessus des lois; elle a trouvé ses pouvoirs dans la force, dans la raison du plus fort. O puissance paternelle!.....

Eh quoi! il existe des censeurs, et un bureau où l'on examine les écrits imprimés; la censure préventive est établie sur les écrits; les journaux sont soumis à la censure préalable : on saisit les écrits, on supprime des journaux? on ne ferait pas mieux à Constantinople. Dites-moi, je vous prie, de quelle utilité sont la direction de la librairie et les censeurs? Votre loi sur les journaux manque de précision, de clarté, d'esprit et de sens; il est difficile d'en deviner l'intention : elle atteint un but différent de celui que vous vous étiez proposé en la créant; au lieu de protéger la propriété industrielle, elle la livre à la discrétion de l'arbitraire.......; et c'est ainsi que l'on fait des lois en France!

Appellerai-je votre attention sur le journal officiel de la librairie, rédigé par l'autorité? Votre loi de 1817 sur les journaux, et votre loi complète, ne renferment pas un seul article qui le concerne. Je vous avouerai, avec cette franchise qui me caractérise, que vous êtes coupables de négligence, sauf le respect que je vous dois, mes frères.

Pourquoi un ouvrage annoncé dans ce journal officiel a-t-il été saisi deux mois après l'annonce, qui n'a lieu que *pour PRÉVENIR plus efficacement la publicité des ouvrages PROHIBÉS ou NON PERMIS, et donner aux libraires les moyens de distinguer les livres défendus de ceux dont le débit est autorisé, et empêcher qu'ils soient INQUIÉTÉS pour raison de la vente de ces derniers ouvrages*, (motifs textuels de la loi)? Pourquoi l'auteur d'un ouvrage non *prohibé*, non *défendu*, pour la vente duquel les libraires ne peuvent être *inquiétés*, a-t-il été inquiété et condamné à l'emprisonnement?

Votre loi future autorisera-t-elle l'autorité à annoncer à sa volonté les ouvrages dans le journal officiel, ou bien lui imposera-t-elle l'obligation de faire annoncer dans ce journal, deux jours après le dépôt, tout ouvrage qui n'aura pas été saisi?

L'Ordonnance du 24 octobre 1814 défend à tous auteurs, éditeurs de journaux, d'annoncer aucun ouvrage, si ce n'est après qu'il aura été annoncé dans le journal de la librairie, conformément à l'article 5 du décret du 14 octobre 1811 et de l'arrêt du conseil du 16 avril 1785.

Pourquoi les journalistes reçoivent-ils l'ordre de garder *le tacet* sur des ouvrages non saisis, annoncés dans le journal de la librairie et mis au nombre des écrits permis et non défendus? Depuis quand une décision de police ministérielle paralyse-t-elle une décision royale ou une décision législative?

L'article 25 de votre loi sur la presse, changé en loi sur les journaux, autorise-t-il la puissance à défendre ce qui est permis, à donner clandestinement et sans publication, à la loi, un effet rétroactif?

Ce peu de mots, *les journaux ne paraîtront qu'avec l'autorisation du Roi*, autorise-t-il les agens du Roi à défendre ce que permet une Ordonnance du Roi? il faut être conséquent. Les agens du pouvoir peuvent-ils détruire le mandat que les journalistes trouvent dans des arrêts, dans des décrets confirmés par des ordonnances? Cette confirmation donne plus de force à la valeur du mandat, mandat que le despotisme peut seul annihiler. Eh bien, mes très-chers frères, vous avez oublié tout cela dans vos lois *complètes*; réparez vos erreurs.

L'action publique sera-t-elle indépendante de l'action administrative? le ministère public se prononce pour l'affirmative. Remarquez que la saisie n'a lieu qu'après le déféré, que le déféré est précédé par le dépôt, et qu'au moment du dépôt l'ouvrage est censuré, examiné : nous en avons la preuve dans la vigilance de l'autorité, qui saisit immédiatement après le dépôt; jamais on n'a saisi des ouvrages qui, quoique séditieux, trouvaient une sauve-garde dans l'éloge qu'ils faisaient de l'autorité. Cette méprise n'ayant point eu lieu, donc les ouvrages sont examinés par la police, et déférés au ministère public par l'autorité administrative.

A quel terme fixerez-vous la prescription de l'action publique que le Code d'instruction criminelle, article 638, fixe après trois ans révolus, *pour tous les délits en général?* Les délits de la presse étant d'une nature toute particulière, ne ferez-vous pas une petite loi d'exception à l'article 638, en fixant à huit jours la durée de l'action publique (1)?

Serait-il convenable que des auteurs qui n'auraient point écrit avec une coupable intention, attendissent pendant un ou plusieurs mois, pendant une ou plusieurs années, qu'il plût aux magistrats de les poursuivre?

Si votre loi *future* exige la déclaration et le dépôt *conformément à votre loi* PASSÉE; que plusieurs censeurs soient attachés par mesure préventive au bureau du dépôt; que ce bureau soit sous la surveillance du ministère public; que la censure ait lieu immédiatement après le dépôt dans le délai de quelques jours.

Ne serait-il pas plus raisonnable que l'auteur ou l'imprimeur fût obligé par la loi à déclarer la publication? Si cette publication avait lieu avant cette seconde déclaration, l'auteur ou l'imprimeur encourrait

---

(1) Voyez ma brochure intitulée : *de l'Incompétence des Tribunaux dans le procès du Cri des peuples*, ou Mémoire sur l'état actuel de la législation de la presse.

les peines qui seraient prescrites par la loi ou par le Code, ou par une loi de procédure, puisque sa désobéissance le rendrait *réellement* coupable d'un délit ou d'une contravention.

S'il en était autrement, un magistrat pourrait poursuivre un auteur, lorsque la vente ou la publication serait consommée, ou lorsqu'elle serait arrêtée par la défaveur ou par l'indifférence du public. L'auteur d'un ouvrage mort-né serait donc poursuivi longtemps après le décès de son œuvre : aurait-on la barbarie de le punir du mal qu'il n'aurait pas fait, de lui renouveler ses douleurs en exhumant sa brochure de la poussière de la librairie, ou en l'extrayant de la balance de l'épicier, pour la peser dans la balance de la justice? Ah ! monsieur le *réquisiteur*, s'écrierait l'écrivain, ne déchirez pas un ouvrage dont les lambeaux ont été plus d'une fois rongés par de petits êtres satiriques, auxquels la nature a refusé le droit de la raison ; mais vous, monsieur, qui êtes raisonnable ou qui devez l'être, pourriez-vous insulter à son malheur, pourriez-vous ne pas respecter ses restes ? Ah ! *requiescant in pace.*

Le ministère public ose avancer qu'il

n'exerce son action que lorsqu'il a connaissance de la publication. La justice et la police pourraient-elles soutenir sans impudeur, qu'une brochure trois fois déclarée, trois fois imprimée, trois fois déposée, ayant circulé librement pendant trois mois; qu'une brochure annoncée légalement dans le journal de la librairie (rédigé par l'ordre de l'autorité); qu'une brochure dont cinq journaux ont annoncé en décembre la publication (deux mois avant la saisie); qu'une brochure, enfin, dont l'autorité a défendu l'annonce aux journaux, fût inconnue de l'autorité judiciaire (pendant trois mois)?

S'il arrivait qu'un auteur placé dans cette catégorie, entouré de toutes les garanties acquises par sa soumission aux lois existantes, par l'exécution des devoirs et des formalités qu'elles prescrivent, fût condamné à un an de prison, à payer l'amende, à fournir un cautionnement de bonne conduite, cet auteur pourrait-il reprocher à ses juges leur partialité, leur injustice; aux dépositaires du pouvoir, leur oppression; au gouvernement, sa déloyauté ou sa coupable tolérance envers des magistrats répréhensibles. Je ne me prononce ni pour l'affirmative, ni pour la négative, je soumets à vos lumières, à votre sagesse, à votre équité, cette importante question : veuillez la résoudre par l'insertion d'un petit article dans votre loi, afin d'éviter à l'avenir aux écrivains les embûches que l'arbitraire et le despotisme tendraient à leur bonne foi, à leur sécurité, à leur liberté individuelle.

Le projet de loi qui vous sera présenté n'est autre chose, dit-on, que la copie d'un original anglais introduit en France : accorderez-vous à la puissance un brevet d'importation? Si vous traduisez en français les lois anglaises, gardez-vous bien de les traduire fidèlement et de conserver dans la traduction les défectuosités, les mêmes erreurs que l'on remarquait dans vos autres lois, erreurs qui étaient autant de lacunes législatives remplies par le pouvoir discrétionnaire devenu *libre arbitre.*

Vous avez conféré au Gouvernement la faculté d'user envers les écrivains de cette même liberté de la presse dont vous avez privé fraternellement vos concitoyens, vos constituans : à cet égard vous étiez des apôtres sans mission, des mandataires sans pouvoir; vous avez trempé, aiguisé pour les agens de la puissance, ces armes formidables avec lesquelles ils sont parvenus à exerçer *la presse* sur les auteurs politiques, comme on l'exerce en Angleterre *sur les matelots*, usages transmis à leurs descendans par les barbares Saxons. Si vous imitez la législation anglaise, oubliez les Saxons et leurs usages, ne soyez point de serviles imitateurs; dispensez-vous d'introduire en France et de donner force de loi aux usages des peuples barbares, aux coutumes des Goths, des Visigoths et des Ostrogoths.

N'autorisez point la puissance à *presser* désormais les écrivains pour les contraindre, par corps, à servir comme matelots sur le vaisseau de l'Etat, qui louvoie sans cesse au milieu des écueils. Le servage ne convient pas à des hommes libres, et même à des libéraux dans les fers. Simples passagers, abandonnés à leur penchant naturel, suivant l'élan de leur cœur, se dévouant à la chose publique, ils exerceront une honnête, une utile industrie en construisant les boussoles qui doivent indiquer aux pilotes de quel côté soufflera le vent de l'opinion publique avec lequel ils doivent se diriger vers le port; ils présenteront aux nautonniers de bonnes cartes marines qui détermineront à quel point il faut éviter Carybde, en évitant Sylla.

N'oubliez pas, en rendant votre loi, que

des victimes de la presse gallo-anglicano-saxone, sont privées de leur liberté individuelle. Il est de votre devoir de les rappeler dans le sein de la société dont ils ont pris la défense avec courage, en opposant à un système oppresseur une louable constance, une inébranlable fermeté. N'oubliez pas que leur liberté doit être la conséquence naturelle de l'abrogation des lois inconstitutionnelles, et de la réprobation des mesures anti-sociales qui les en ont privés.

Ah! mes frères, puissiez-vous, unis d'esprit et de cœur avec nos ministres évangéliques, régénérer les principes de la saine politique, relever l'empire de la sévère morale.

Et vous, missionnaires, qui parcourûtes ou qui parcourez encore les départemens pour opérer des conversions, abandonnez aux pasteurs des villes et des campagnes la conduite de leur troupeau, le soin de ramener au bercail les brebis égarées; qu'ils prêchent l'union, la concorde, l'oubli du passé, l'oubli du présent, l'oubli de l'avenir, l'obéissance aux lois, le respect dû à des institutions invariablement établies, dont la conservation est l'objet des *vœux du peuple*. Le Seigneur vous réserve une croisade plus sainte, une mission plus importante.

Sermonez les magistrats, insinuez-leur, même indirectement, qu'ils ont des devoirs sacrés à remplir avec intégrité et probité; que leurs efforts doivent tendre vers le bien public. Allez et convertissez.......

Portez vos exhortations dans les grandes et dans les petites administrations; provoquez tant directement qu'indirectement la vigilance, l'amour du travail, la prompte exécution des affaires; recommandez que le faible soit protégé contre le fort; que la requête de l'infortuné, que les plaintes de l'indigent ne soient point directement ensevelies dans les poudreuses archives des bureaux; allez et convertissez.......

Allez au milieu des lambris dorés, dans ces brillans palais où des hommes puissans, des hommes du jour affichent dans une superbe oisiveté leur égoïsme, leur orgueil, leur incapacité, leur nullité; allez et convertisez.

Transportez-vous, missionnaires, dans le temple de la justice, dans le sanctuaire de la loi; reprochez aux infidèles leur dépendance antichrétienne, leur coupable complaisance, leur servile soumission; engagez-les à renoncer à Satan, à ses pompes et à ses œuvres;

rappelez aux parjures la valeur de leurs sermens; dites-leur que Dieu lit au fond de leurs cœurs, qu'il scrute leurs pensées, qu'il interroge leur conscience ; allez et convertissez....

Espérons, mes très-chers frères, que l'Éternel, qui jusqu'à ce jour fut sourd à nos prières, vous enverra définitivement, cette année, son saint esprit pour vous inspirer. Puissiez-vous, doués d'un esprit saint, nous donner de bonnes lois, nous diriger dans la voie du salut, nous sauver du précipice ouvert sous nos pas : par ces paroles, je n'entends point répandre des nouvelles alarmantes, dire des injures et des calomnies, exciter les citoyens à désobéir à la Charte. *Proba me Deus, et scito cor meum.*

Sur ce, je prie Dieu qu'il vous ait en sa sainte et digne garde; qu'il nous délivre du mal, des abus, de l'arbitraire, de la loi de novembre, et qu'il exauce *les vœux du peuple.*

Domine, exaudi orationem meam, et clamor meus ad te veniat.

AINSI SOIT-IL.

FIN.

www.ingramcontent.com/pod-product-compliance
Ingram Content Group UK Ltd.
Pitfield, Milton Keynes, MK11 3LW, UK
UKHW012035240726
13965UKWH00003B/806

9 782012 986046